●

어머니가
주신
선물

어머니가 주신 선물

펴낸날　초판 1쇄 2018년 6월 22일

지은이　이종규
펴낸이　서용순
펴낸곳　이지출판

출판등록　1997년 9월 10일 제300-2005-156호
주　소　03131 서울시 종로구 율곡로6길 36 월드오피스텔 903호
대표전화　02-743-7661　**팩스**　02-743-7621
이메일　easy7661@naver.com
디자인　박성현
인　쇄　네오프린텍(주)

값 15,000원

ISBN 979-11-5555-093-9　03320

※ 잘못 만들어진 책은 바꿔 드립니다.

이 도서의 국립중앙도서관 출판예정도서목록(CIP)은 서지정보유통지원시스템 홈페이지
(http://seoji.nl.go.kr)와 국가자료공동목록시스템(http://www.nl.go.kr/kolisnet)에서
이용하실 수 있습니다.(CIP제어번호: CIP2018018151)

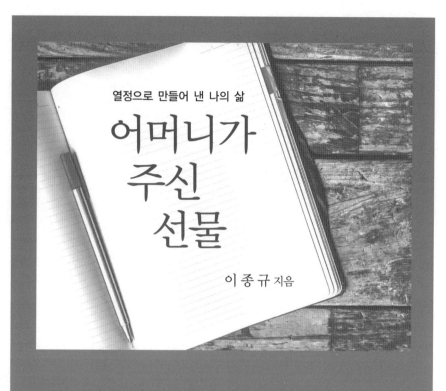

열정으로 만들어 낸 나의 삶

어머니가
주신
선물

이 종 규 지음

💠

어머니가 들려주신 말씀은

내 삶의 지표였고

내 인생의 가장 큰 선물이었다

이지출판

남 탓하지 말고 자기주도적인 삶을 살자

건물을 지으려면 반드시 설계도가 있어야 하고 노래를 부르려면 악보가 있어야 가능하듯, 삶(인생)을 살아가려면 꿈(희망)이라는 인생설계도가 있어야 성공한 삶(인생)을 살 수 있다.

그래서 아이들이 청년기에 접어들기 전, 즉 중·고등학교 때부터 개인의 적성과 특성에 맞는 일(직업)과 연관된 공부를 할 수 있도록 진로를 바로잡아 주는 것이 무엇보다 중요한 꿈(희망)의 바탕이요 인생설계도의 원천이 된다는 것을 말하고 싶다.

꿈(희망)을 향해 도전하다 보면 자신이 원하는 것이 이루어지는 경우와 반대로 이루어지지 않는 경우가 있다. 원하는 것이 이루어지면 자신의 노력과 능력으로 이루어졌다고 믿고, 반대로 원하는 바가 잘못되는 경우에는 주변 환경 또는 다른 사람 때문에 잘못되었다고 탓하는 것이 대부분이다. 자신의 노력이 부족했거나 역량이 미지지 못해서 잘못된 것을 찾아 더 노력하고 부족한 부분을 보완하려는 자기계발이 되지 않는 사람은 결코 성공적인 삶(인생)을 살 수가 없는데도 말이다.

살다 보면 일이 순조롭게 잘 되는 경우와 반대로 일이 꼬여서 잘 되지 않는 경우가 반복적으로 일어난다. 그래서 인생(삶)이란 롤러코스터처럼 오르막과 내리막을 번갈아가며 연속되는 것이리라.

환경을 탓하거나 남을 탓하는 삶(인생)을 사는 사람은 일이 잘못되거나 실패했을 때 자신의 부족함을 간과하고 쉽게 좌절하거나 포기해 버린다. 하지만 자기주도적인 삶(인생)을 사는 사람은 실패를 하고 아무리 힘들고 어려운 난관에 부딪쳐도 좌절하거나 환경 따위를 탓하지 않고 전후 사정을 살펴서 잘못된 일의 과정을 분석하고 원인을 찾아 부족함을 보완하고 실패를 거울삼아 다시 도전한다.

나는 초근목피로 유년기를 보내고 6·25전쟁 때는 구걸로 생명을 이어 온 쓰라린 과거와 순차적인 학교 교육을 제대로 받지 못해 겨우 고등학교를 졸업하고 군 복무를 마치자마자 사회에 뛰어들었다. 그리고 말단 직원에서부터 남들이 부러워하는 대재벌회사 CEO 자리에 오르기까지 온갖 고초와 역경을 이겨내야만 했다. 그러자니 얼마나 많은 시행착오를 겪었는지 헤아리기조차 어려울 정도다.

하지만 내가 소속된 조직이나 환경, 부모님 그 누구도 탓하지 않고 언제나 나를 뒤돌아보고 나는 무엇이 부족하고 무엇을 잘못해서 나쁜 결과가 되었을까 하는 자세로 일생을 살아왔다. 그리고 부족한 부분은 반드시 전문가를 찾아가 배우고 익혀서 보완했으며, 더 노력하고 도전해서 성공을 쟁취했다고 감히 말할 수 있다.

이 시대의 젊은 청년들에게 들려주고 싶은 얘기는, 어떤 환경이나 어떤 조건에서도 자신이 어떤 사람인지 그 바탕을 헤아려 자신의 적성과 개성을 찾아야 한다. 그런 다음 이루고 싶은 꿈(일)을 위해 실패와 좌절을 딛고 부족한 부분을 보완해 나가는 자기주도적인 삶(인생)을 살아내며 한 발 한 발 도전하라는 메시지를 주고 싶다.

2008년 3월 40여 년의 직장 생활을 마치고 은퇴 후 꼭 10년이 지났다. 평생 내려놓지 못했던 긴장감과 중압감에서 벗어나 마음의 여유를 찾고 보니 그동안 나를 괴롭혀 온 신경성 위염과 식도염, 위궤양이 사라지고, 비로소 세상도 달리 보이기 시작했다. 이제는 반대급부가 없는 봉사정신으로만 살기로 작정하고 좀 더 나은 사회를 위해 내가 할 수 있는 일을 해 볼 생각이다. 그중 하나가 작지만 깨끗하고 알찬 나눔재단(장학재단)을 만드는 것이다. 그 꿈과 기대를 안고 나는 다시 새로운 출발점에 서 있다.

2018년 6월

이 종 규

제8장 | 새로운 시작 새로운 도전

제1장
청춘들이여, 성공을 향해
자신을 불태워라

어머니가 주신 선물

나는 유년기를 지날 무렵부터 어머니에게 자장가처럼 다음과 같은 말씀을 듣고 자랐다.

- 일(業)을 열심히 잘하면 성공한다.
- 정직하고 근면 성실하면 어디를 가든 굶지는 않는다.
- 혼자만 잘 살려고 하지 말고 형제간에 우애를 돈독히 하고 웃어른을 공경하고 충성을 다해야 한다.

내 나이 칠순을 훌쩍 지나 팔순을 향해 질주하고 있는 지금, 하루라는 시간은 언제나 똑같은 24시간이지만 마음으로 느껴지는 속도감은 나이에 비례하듯 시속 70km 이상이다. 너무나 빠른 세월을 쫓아가며 문득 '인생이란 무엇인가'라는 의문이 들어 톨스토이의 《인생이란 무엇인가》라는 책을 손에 잡게 되었다.

그런데 조금 이해하기 어려운 대목들이 있어 잘 읽히지 않았다. 그러다가 문득 2010년 5월부터 2016년 12월까지 7년 동안 한국장학재단

'차세대리더육성프로그램'의 멘토로 활동하면서 느꼈던 것과 오버랩되는 것이었다. 그간 만나본 학생들은 자신이 무엇을 하고 싶고 무엇을 좋아하며 무엇을 할 수 있다는 자신감도 없이 학력고사나 수능점수에 맞춰 부모님과 선생님 또는 주위 사람의 얘기를 듣고 그저 진학을 위한 대학과 학과를 선택한 경우가 대부분이었다. 그러다 보니 미래의 꿈이 막연하고 지금 하고 있는 공부도 재미없고, 앞으로의 진로 때문에 극심한 스트레스를 받고 있는 현실을 목격했다.

내가 7년 동안 멘토링했던 학생들 중 그러한 과정을 밟아 대학을 졸업하고 어렵게 취업을 해도 적성에 맞지 않는다며 사표를 던지고 퇴직하는 경우도 다반사였다. 나는 안타까운 마음에 7년 동안의 멘토링 경험을 통해 느꼈던 것과 내가 살아온 인생 과정을 통합해서, 중·고등학교 때부터 대학 진학과 진로를 결정할 때 어떤 기준으로 해야 하며, 공부는 어떻게 해야 하고, 미래의 꿈과 자신의 직업 선택에 조금이라도 도움이 될 수 있으리라는 생각에서 글을 쓰게 되었다.

나는 한적한 농촌마을에서 6남매의 다섯째로 태어나 일찍 아버지를 여의고 홀어머니 슬하에서 청소년기를 보냈다. 초등학교와 중학교를 마칠 때까지 아침에 일어나 등교하기 전에 소 꼴을 먹이고, 지게로 짐을 나르고, 호미로 고추밭의 잡초를 뽑는 등 온갖 어머니 일을 마다하지 않았다. 하교 이후에는 날이 저물 때까지 가사일을 도와야 했다.

우리 70대들의 성장기는 전 국민의 80% 이상이 농어업에 종사했으니 땅에 의존해서 씨앗을 뿌려 거두어들이는 것 외의 소득원이 없었다. 그래서 누가 더 부지런하고 근면 성실한가에 따라 살림의 궁핍을 면하던 시기였으니 당연한 것인지도 모른다.

그러한 환경이다 보니 어머니는 항상 나에게 "일을 열심히 잘하면 성공이 보장된다. 정직하고 근면 성실하면 어디를 가든 굶지는 않는다"고 자장가처럼 말씀하셨다. 그리고 "혼자만 잘 살려고 하지 말고 형제간에 우애를 돈독히 하고 웃어른을 공경하며 충성을 하라"고 충효사상을 심어 주셨다.

그때 어린 나로서는 일(業)이란 달리 표현하면 직업과 같은 것이니 내 직업은 농부이고, 산다는 것은 일생 동안 농사일을 하는 과정이라고 생각했다. 그래서 일을 잘하면 성공이 보장된다는 뜻은 농사를 잘 지어 가을에 수확이 많으면 성공이라는 단순한 등식으로 여겼다. 정직하게 근면 성실하면 가을에 풍성한 수확을 이루는 것이고, 풍성한 수확이 이루어지면 굶지 않을 수 있고 그것이 곧 성공이었다. 그리고 혼자만 잘 살려고 하지 말고 형제들이 같이 잘 살아야 한다며, 모든 것을 나누고 이웃집 어른도 내 부모같이 공경하고 충성을 다하라고 일러 주셨으니 그 모든 것이 나의 몸에 습관으로 자리 잡게 되었다. 이러한 교훈을 청소년기 이전부터 노래처럼 들려주셨으니 이보다 더 좋은 선물이 있겠는가?

그래서 나는 살아오면서 일을 잘하기 위해 항상 '나는 누구인가?' '어떻게 일을 해야 잘하는 것인가?' 하고 방법을 찾게 되었고, '그렇게 해야만 하는 목적이 무엇인가'라는 의문이 뇌리를 떠나지 않았다.

또한 혼자만 잘 살려고 하지 않고 형제간에 우애를 다지는 것 못지 않게 사회생활에서 공동체 의식을 갖게 되었고, 웃어른을 공경하라는 충효사상을 잊어 본 적이 없다.

사실 모든 사람이 자기가 누구이며 왜 사는지에 대해 별로 깊이 생각하지 않을 것이다. 나 역시 다른 사람들과 별 차이가 없었음을 고백한다. 보통 '나는 누구인가?'라는 표현을 할 때 가장 먼저 언제 어디서 출생했고 나이는 몇 살이고, 어디에 살며, 무슨 학교를 다녔고, 가족은 어떠하고, 신체조건과 혈액형, 성격은 어떻고, 좋아하는 음식은 무엇이며, 취미와 특기, 교우관계는 어떠하다는 등 대부분 외관상으로 나타나는 것을 자신의 실상으로 생각하는 경향이 있다.

그래도 나는 일찍부터 내가 소속된 사회와 조직 내에서 나 자신의 위치를 누구보다 정확하게 인식하고 내가 담당해야 하는 일, 즉 나의 몫이나 역할에 대해 깊이 고민하면서 공동체 의식을 체화시켰다. 어느 때, 어느 장소, 어느 조직에서도 나를 필요로 하는 사람이 되겠다는 생각에서였다.

이렇게 된 바탕은 먼저 나 자신에게 충성해야 하고, 내가 소속된 집단에 충성해야 하고, 대상을 불문하고 충성해야 된다고 결심했기 때문이다. 사실 충성(忠誠)이란 가운데 중(中)에다 마음 심(心)이 충성 충(忠)이고, 말씀 언(言)에 이룰 성(成)이 합해져 정성 성(誠)이다. 이 충성은 마음이 정중앙에 자리 잡고 토해 내는 말이라는 뜻이니까, 역설적으로 정직한 바탕에서 우러나오는 고언이 충성이라는 뜻으로 해석했다. 자신에게 충성하고 가족에게 충성하고 사회와 조직, 국가에 충성하는 모든 것이 정직의 바탕에서 우러나오는 진정한 올곧은 말이라는 것을 나는 '충성'이라고 생각한다.

그러한 결과로 일찍 사병으로 군생활을 할 때도 부대에서 우수 병사 표창을 받았고, 사회에 나와서도 항상 조직 내에서 우수하다는 평판을 듣게 되었다. 그래서 '나는 누구인가?'라는 물음에 '자신이 처해 있는 그 상황을 제대로 인식하는 것'으로 정의를 내렸다. 그리고 '나는 왜 사는가?'라는 물음에는 두말 할 필요 없이 '행복한 삶을 영위하기 위해서'라고 대답한다. 누구에게나 정직하고 누구에게나 충성하면 행복한 삶을 살게 될 것이라는 믿음과 함께.

달라이라마의 행복론 중에 "삶의 목표는 행복에 있다. 종교를 믿든 안 믿든, 또는 어떤 종교를 믿든 우리는 언제나 더 나은 삶을 추구하고 있다. 따라서 우리 삶은 근본적으로 행복을 향해 나아가고 있는 것이다"라는 구절이 있다. 그렇다. 행복하기 위해 사는 것이다. 왜 사는지, 삶의 목적이 무엇인지도 모르고 하루하루를 보낸다는 것은 망망대해를 나침반 없이 항해하는 것과 다를 바 없다. 모든 사람은 지금 현재 이대로가 아닌 보다 다른 '무엇인가 좋은 일이 생길 것(꿈, 희망)'이라는 기대 때문에 살아가는 것 아닐까. 꿈이 없다면 빛이 없는 암흑 세계에서 먹이를 찾아 헤매는 동물과 다름없는 삶이 아닐까.

부모들은 자녀의 미래에 대한 높은 기대보다 청소년기 이전부터 자녀의 장점과 특징을 잘 살펴보고 그들의 적성에 알맞은 꿈을 갖도록 이끌어 주는 혜안이 필요하다는 얘기를 하고 싶은 것이다.

청년실업이 최대 화두로 떠오르고 있는 이 시대의 젊은 청년들, 그대들은 '자신이 누구인가? 왜 살고 있는가? 살아가는 목적(꿈)이 무엇인가?'라는 질문에 진지하게 고민해 보고 각자 나름대로 꿈(인생설계)을 잘 다듬어서 실업 대란의 길을 헤쳐 나가길 기대한다.

꿈(희망)이란 무엇인가

우리가 살아가는 이유는 '오늘보다는 행복한 내일의 꿈(희망)'이 있기 때문이다. 꿈이란 그 누구도 대신해 줄 수 없는 오직 자기만이 만들수 있는 것이다. 삶의 경험에서 우러나온 '꿈(희망, 인생설계)'이란 의미를 다음과 같이 정리해 본다.

첫째, 꿈은 개인의 삶을 긍정적인 바탕으로 만들어 준다. 자신이 이루어야 할 꿈이 없다면 무슨 일이든 해도 그만, 하지 않아도 그만이라는 나태한 삶이 될 수밖에 없다. 하지만 꿈이 있으면 그 꿈을 이루기 위해 체계적인 계획을 세우고 그 계획에 따라 열정적으로 자신의 일에 도전하게 되며 할 수 있다는 긍정적인 삶이 된다. 꿈이 있는 사람은 모두 성실하고 근면하다.

둘째, 꿈은 자기 행동을 스스로 통제하는 관리지표가 된다. 이루고자하는 꿈이 있기 때문에 자신이 해야 하는 일과 해서는 안 되는 일을 정확하게 구분하게 된다. 직장에서 저녁 늦게까지 회식을 해도 절제된 행동과 철저한 자기통제로 과음을 피하고 다음 날 일과에 영향을 미치는 행동은 하지 않는다. 또한 해야만 하는 일은 자기 스스로 찾아서 열정적으로 하게 되고, 해서는 안 되는 일은 억제하게 되므로 자기 행동을 스스로 통제하는 관리지표가 된다.

셋째, 꿈은 자기 삶의 시행착오에 대한 원인을 정확하게 알 수 있게 해 준다. 자기가 이루고자 하는 꿈이 있으면 그 꿈을 이루기 위해 체계적인 계획을 수립하고 계획에 따른 실천과 실행을 한 후 실천 과정에 대한 검증을 통해 잘잘못을 정확하게 분석할 수 있다. 자기 스스로 삶의 시행착오를 알게 되므로 반복되는 잘못을 저지르지 않아 좋은 결과를 얻게 된다. 그래서 꿈을 가지고 일하는 사람은 나쁜 결과가 발생해도 절대 타인을 원망하거나 비판하지 않고 자기 잘못을 찾아서 개선하는 변화를 시도한다.

넷째, 꿈은 개인의 잠재능력을 일깨워 준다. 대부분 자신의 능력을 100% 발휘할 수가 없다. 어떤 일이든 하고자 하는 의지가 반영되어야 부족한 부분을 고치고 능력을 뛰어넘어 잠재능력까지 발휘하게 되는 것이다. 꿈이 없으면 하려는 의지가 솟을 리 없고, 하고자 하는 의지가 없으면 현상에 머무는 수준밖에 발휘되지 않는다. 꿈이 있어야 그것을 이루기 위해 의지를 갖고 잠재능력을 발휘하게 되는 것이다.

부모님들은 자녀가 유치원, 초등학교, 중학교 때부터 어떤 분야에 관심이 많은지, 좋아하는 것은 무엇인지, 어떤 특성을 가지고 있는지를 잘 살펴서 꿈을 차곡차곡 쌓아 가도록 하는 것이 무엇보다 중요하다.

꿈을 구체화하려면 어떻게 해야 할까

그렇다면 꿈을 어떻게 만들고 다듬어야 할 것인가?

첫째, 자기 장점을 찾아 거기에 주안점을 두고 단점을 하나하나 털어내는 수순을 밟아야 한다. 그리고 자신이 진정으로 하고 싶은 일은 무엇인지, 또 적성에 맞는 것은 무엇인지 깊이 생각하여 정말 하고 싶은 일을 찾아야 한다. 그 하고 싶은 일을 잘할 수 있는 지식과 능력을 키우기 위해 공부를 해야만 하는 것이다.

둘째, 자신이 어떤 일을 하면 정말 잘할 수 있을까? 아무리 하고 싶은 일이라도 그 일을 해낼 역량이 없다면 공상이 되어 버린다. 예를 들어 의사가 되려면 의과대학에 진학해서 열심히 공부해 자격을 취득해야 하는데 의과대학 문 앞에도 가지 않고 의사가 되고 싶다는 것은 말이 안 된다. 자신의 상황을 모르고 무턱대고 덤비면 실망만 클 수밖에 없다.

셋째, 자신의 적성은 어떠하며 지금 하고 있는 일을 잘하고 있는가? 우리나라 대학 진학률은 약 80%로 세계 최고다. 나는 7년 간 매년 10여 명의 대학생을 멘토링해 왔다. 그들은 대부분 왜 대학에 진학했는지에 대한 물음에 답을 제대로 하지 못했다. 자기 적성과 상관없이 점수에 맞춰 대학과 학과를 선택했기 때문이다. 그들에게 꿈 이야기는 사치에 가까운 것이었다.

넷째, 자신의 마지막 모습이 어떻게 비치게 만들 것인가? 하고 싶은 일을 잘할 수 있는 역량을 길러 적성에 맞는 멋진 일을 했다는 것만으로 성공한 삶이라고 할 수는 없다. 일생 동안 쌓아 온 업적이 타인의 삶에 어떤 영향을 미치고, 사회에 어떤 공헌을 하였는지 삶의 과정에 녹아들 수 있도록 다듬고 만들어야 한다. 나는 이러한 일련의 과정을 개인의 비전(Vision)이라고 말하고 싶다.

다섯째, 한(恨)과 열등감에 사로잡히게 되면 아무것도 하지 못한다. 어떤 원한도 적개심도 꿈을 만들 때 완전히 배제시켜야 한다. 한풀이가 되면 적대적 관계가 되고 열등감에 사로잡히면 아무것도 할 수가 없다. 이러한 과정을 통해 꿈을 완성하려면 노트에 차곡차곡 써 봄으로써 자연스럽게 정리가 되고 구체적인 꿈이 성립될 것이다. 계획도 없이 막연히 무엇을 해야겠다는 꿈은 자면서 꾸는 꿈일 뿐이다. 또한 자신의 한계를 뛰어넘는 꿈은 몽상이요 환상이다. 즉 과대망상은 자신을 망가뜨리게 마련이다.

이렇게 꿈을 구체화한다는 것은 매우 어려운 일이다. 그래서 청소년기 이전부터 차곡차곡 쌓아가는 습관을 길러야 한다. 그렇게 하다 보면 자기 장점은 무엇이고, 어떤 것을 잘할 수 있는지, 그리고 특기와 적성을 찾을 수 있게 된다.

하루하루의 삶이 곧 인생이다

일하지 않는 자는 먹지도 말라는 말이 있다. 그만큼 일의 중요함은 말할 필요가 없다. 일은 우리나라 헌법에 규정된 국방의무, 납세의무, 교육의무, 근로의무 등 4대 의무로까지 규정되어 있다.

하지만 건강한 사람이 일을 하지 않고 빈둥거리며 놀고 있다고 그 어떤 징벌을 가하지는 않는다. 그러나 꿈을 이루려면 일을 해야 하고, 일을 하지 않고 꿈을 이룰 수 있는 방법은 없다. 그래서 일은 자기 스스로 찾아서 해야 하는 것이다. 일을 한다는 것이 곧 직업이고, 그 직업을 선택하는 것은 자신의 인생 항로를 결정짓는 가장 중요한 선택이다.

나는 이것을 개인 인생설계도라고 말한다. 개인의 능력과 적성에 맞는 일을 찾아 자기 인생 진로를 결정하는 것이니 그 중요하고 막중함은 더 설명할 필요가 없다. 그런데 어떤 일이든 하고 싶은 사람은 그 일을 잘할 수 있는 방법을 찾게 되지만 하기 싫은 사람은 구실을 찾는다. 그 것을 직장에서 흔히들 '변명 같지만…'이라고 말하는 것을 나는 너무도 많이 보았다.

여기서 잠깐 우리나라 모든 직종의 직무를 담당할 수 있는 학력지수 통계자료를 첨부한다.

직무담당 학력지수 통계자료(한국직업능력개발원 조사자료)

- 학력과 상관없이 아무나 할 수 있는 직업 28.3%
- 고등학교 졸업으로 충분한 직업 44.7%
- 2년제 이상 대학 졸업 학력의 필요직업 27%

  우리나라 고등학교 학생을 상대로 장래 희망직업을 조사한 결과 희망직업의 숫자는 불과 300개에도 못 미침(2만여 개의 직업 중). 고등학교 졸업자 80%가 대학에 진학한다.

이 통계자료만 보더라도 우리나라 직업 중 고학력의 지적 수준을 요하는 분야는 전 직종 중 30%를 넘지 않는다. 그렇기에 대학을 졸업하고 일자리를 구하지 못한다는 것은 자신의 전공과 직무분야가 균형이 맞지 않는다는 것이다. 즉 수요와 공급의 밸런스가 무너진 현상이니 너도나도 한풀이식 대학 진학이라는 나라 전체의 교육문제가 훨씬 더 큰 것인지도 모르겠다.

궁극적으로 자신이 선택한 직업으로 일생 동안 일을 하면서 그 일의 결과가 차곡차곡 쌓여 자기 자신을 만들어 가는 것이 삶(인생)이라는 것이고, 그 삶이 '자아실현'이라는 네 글자로 집약된다.

분명한 목적의식을 가져라

나는 청소년들로부터 "어떻게 하면 성공적인 CEO가 될 수 있습니까?"라는 아주 곤혹스런 질문을 자주 받아왔다. 전화와 이메일로 질문을 받고는 그들이 실망하지 않게 조심스런 답변을 전하고 있지만, 난감하기 짝이 없었다. 이런 저런 방법이면 성공적인 CEO가 될 수 있다는 수학공식 같은 답이 있다면 얼마나 좋을까? 모두 그렇게 하면 성공적인 CEO가 되어 행복하게 잘 살 수 있으니까 말이다.

하지만 정답은 없다. 그런데 젊은이들은 저마다 성공한 삶을 살고 싶어 한다. 일생을 살아가면서 자신이 추구하는 목적이 무엇인지, 어떤 삶을 살아야 할 것인지도 모르고 망망대해에서 나침반도 없이 표류하는 선박처럼 이리저리 휘둘리는 인생을 살아가는 사람이 많은 것 같아 참으로 안타까운 생각이 든다.

성공한 삶을 살기 위해서는 무엇보다 목적의식이 분명해야 한다. 목적의식이 분명하다는 것은 어떤 것이든 관심의 초점이 분명하다는 것이다. 자기 자신이 어떤 인생 목표를 가지고 이루고자 하는 일이 무엇인지 머릿속에 그림을 그리듯 그려놓고 자신이 정한 목표에 집중해야 된다고 본다. 자신의 역량은 분명히 어느 수준인데 그 한계상황의 에너지를 분산시키면 그만큼 효율이 떨어질 수밖에 없다. 자신의 역량을 분산시키지 말고 한 곳에 집중시켜 스스로 할 수 있는 것을 찾아 하나씩 목표를 이루고 난 후 다시 다음 목적한 일로 옮겨 가야 한다.

목적의식이 분명하면 자신이 원하는 일이 반드시 그렇게 이루어지게 된다. 현실을 떠난 막연한 이상(理想)이나 몽상(夢想) 같은 꿈을 가져서는 결코 성공이 담보되지 않는다. 그러니 자신의 적성과 역량을 저울질 하고 자기가 하고 싶은 일에 몰두해야 한다.

내가 왜 그 일을 이루고자 하는가? 그 이유를 머리와 가슴속에 깊이 새기고, 한번 시작한 일은 반드시 끝을 맺고 결과를 얻기까지 집념과 끈기를 가지고 도전하는 자세가 필요하다.

목적의식이 없으면 무엇을 어떻게 해야겠다는 계획이 없으며, 계획이 없으면 일에 대한 도전이 있을 수 없고, 도전을 하지 않고서는 아무것도 이룰 수 없으며, 동시에 자기행동에 대한 절제가 되지 않아 나태해질 수밖에 없다. 그러니 분명한 목적의식을 갖는 것이 인생에서 참으로 중요하다. 목적의식을 가지고 삶을 살아야만 결과 중심적 사고에서 벗어나 과정 중심적 사고가 몸에 배어든다.

직장은 삶의 터전이요
꿈을 이루는 곳

나는 '성공'이라는 단어를 머리에 이고 어깨에 짊어지고 삶의 터전이요 인생의 전쟁터인 직장에 한평생을 내던졌다.

세상 사람들이 말하는 성공 반열에 오르기 위해 일찍부터 생생한 꿈을 다듬고 가꾸어 비전으로 만들고, 비전을 체화시켜 신념을 만든 후 '확신과 신념에 찬 생생한 꿈'은 반드시 이루어진다는 강한 믿음을 가졌기에 목표한 바를 이룰 수 있었다. 학력과 신체조건의 콤플렉스, 지연과 혈연의 인과관계를 떠나 홀로 설 수 있도록 직장에 목숨을 건 전쟁을 하기로 결심을 했던 것이다.

나의 '확신과 신념에 찬 생생한 꿈'이란 다음과 같다.

첫째, 먼 곳에 있는 것이 아닌 내 손안에 있는 꿈이었다. 나의 역량을 알고 현실에서 자기 의지와 노력이 가미되면 이루어질 수 있는 눈앞의 것과 1~2년 내지 3~5년 이내에 달성 가능한 명료한 꿈이었다.

둘째, 나의 가슴과 머릿속에 갖고 있는 꿈이었다. 부모님이나 주변 사람들의 강요나 권유에 따라서 다듬어진 꿈이 아니다. 삶은 오롯이 자기 몫이다. 어떤 일이든 자신이 하고 싶고 할 수 있는 역량을 갖춘 다음,

일에 대한 열정이 뒷받침되어야 제대로 된 꿈이다.

지금은 컴퓨터라는 기기가 모든 숫자를 입력만 하면 원하는 답을 만들어 준다. 심지어 인공지능이 사람의 뇌를 앞서기에 바둑판을 컴퓨터가 지배하는 세상이 되었지만, 내가 사회생활을 시작한 60년대에는 시산표, 대차대조표, 손익계산서 등 숫자와 관련된 모든 재무제표는 주산이라는 기구를 통해 만들어졌다. 나는 상업고등학교를 다녔기에 주산 실력이 괜찮았다. 숫자 계산 직무는 내 장점과 적성에 100% 만족하고도 남는 것이어서 따뜻한 가슴과 냉철한 머리로 자신감이 충만할 수밖에 없었다.

하지만 당시 대학교를 졸업하고 나와 함께 회계파트에 입사한 동료는 숫자 계산을 하지 못해 쩔쩔매기 일쑤였다. 고정자산 감가상각비 계산을 하는데 밤을 새워 가면서도 처리하지 못한 그 직원과 한두 시간이면 해내는 나와는 어떤 차이인지 쉽게 이해가 될 것이라 믿는다. 자기 적성에 맞지 않는 일이 얼마나 고된 노동인가를 말이다.

셋째, 부정적인 사고와 한계를 극복하는 의지를 갖춘 꿈이었다. 인생을 살다보면 자신의 생각대로 되는 것은 그다지 흔한 일이 아니다. 주변 환경에서부터 모든 여건이 실타래처럼 얽히고설켜 부정적인 상황이 더 많이 발생한다. 또한 어떤 경우라도 타인의 협력과 협조를 얻지 못하면 내가 뜻한 바를 이룰 수가 없다. 어떠한 난관이 닥쳐도 항상 긍정적인 생각으로 잘 될 거라는 믿음과 확신을 갖고 한계상황을 뛰어넘을 수 있다는 마음의 자세를 갖춘 꿈은 반드시 이루어지게 되는 것이다.

이 세 가지 조건이 갖추어지지 않은 꿈은 몽상이요 환상일 뿐이지, 진정한 꿈이라고 할 수가 없는 것이다.

나는 사회생활 시작부터 내가 설정한 꿈을 이루려면 고졸이라는 학력 콤플렉스를 먼저 벗어나야 했다. 항상 남보다 2% 부족한 인생이라고 스스로에게 주문을 하면서 나 자신이 만든 'SKY정신'을 생활의 모토로 삼아왔다. 흔히들 서울대학교(S), 고려대학교(K), 연세대학교(Y) 졸업자를 지칭하는 SKY라는 하늘처럼 높은 뜻을 말하려는 것이 아니고, 'SKY정신'이란 "나를 제외한 이 세상 모든 사람은 나의 영원한 고객이기에 맑고 높은 하늘처럼 그들을 받드는 섬김의 삶을 살겠다"는 다짐이었다.

그래서 비록 대학 문 앞에도 가보지 못했지만 Seoul대학교 졸업자의 실력에 버금가는 역량을 다지기 위해 빈틈없이 세련되고 멋지게 일하는 습관을 만들겠다의 Smart에서 S, Korea대학교 졸업자들의 수준에 다다를 때까지 무슨 일이든 정성을 다하고 상냥함과 사려 깊게 친절함을 보이는 습관으로 다른 사람보다 한 발 앞서 일하는 자세를 견지하겠다는 뜻으로 Kind에서 K, Yonsei대학교 졸업자의 실력에 모자람 없이 주변의 모든 동료 구성원이나 고객이 "예, 그래요, 그렇군요, 맞아요" 할 때까지 봉사한다는 마음가짐으로 직장 생활에 올인하겠다는 다짐의 뜻으로 Yes에서 Y를 합한 것이 SKY이고, 하늘 그 SKY의 뜻을 합해서 'SKY정신'이라 한 것이다.

그러하기에 내가 모르는 것은 언제 어디서든 모든 사람에게 배우는 것을 주저하지 않았었다.

'SKY정신'에 따른 삶이란 정말 힘들고 고난의 연속이었다. 나 자신을 희생하는 생활방식이기도 한 것이기에 정신적 피폐함은 말할 수 없어 젊은 나이에 신경성 위염, 식도염, 위궤양이란 병을 얻어 40여 년을 지내 온 것이다. 이러한 희생이 바탕이 되고 원동력이 되었기에 상업고등학교 졸업 학력에다 지연이나 혈연도 없는 시골 촌뜨기가 직장에서 비교적 빠르게 승진 기회가 찾아왔다. 52세에 롯데삼강(주)(현 롯데푸드) 대표이사 반열에 올랐으니 말이다. 그후 부산롯데호텔, 롯데햄, 롯데우유 대표이사 사장을 역임하고 임기를 1년 남겨둔 2008년 2월, 스스로 사표를 던지고 64세에 40여 년 직장 생활에 종지부를 찍고 자연인으로 돌아왔다.

성공은 꿈이 이루어지는 것이다

국어사전에서 '성공'이란 "목적하는 바를 이룸, 뜻한 것이 이루어짐, 사회적 지위를 얻음, 자신의 꿈이 이루어지는 것"이라고 정의하고 있다. 즉 자신의 꿈을 이루어 모든 사람으로부터 축복받는 사람으로서 죄인의 삶을 살지 않으며, 교만하지 않은 삶을 사는 사람이라면 직업의 귀천이나 경제적 부나 권력 따위와 상관없이 성공한 사람이라는 생각이다.

그러나 세속적으로는 돈을 많이 벌었거나 사회적 지위를 가진 자 또는 권력을 쟁취한 자를 성공한 사람이라고 생각한다.

결론부터 얘기하자면, 나는 꿈을 이루어 작으나마 성공을 했다고 자부한다. 아버지를 일찍 여의고 홀어머니 슬하에서 어렵게 초등학교를 마치고 1년, 중학교를 졸업하고 또 1년, 어머니의 뜻에 따라 농사일을 돕느라 체계적인 학교 교육을 제대로 받지 못했다. 겨우 마산상업고등학교 졸업이라는 간판 하나에, 요즘 시대에 태어났다면 신붓감을 찾기도 힘든 163cm의 단신에다 체중 53kg(2008년 은퇴 이후 체중증가로 지금은 57kg임)의 볼품없는 못난이가 학연·지연·혈연의 벽을 뛰어넘어 가난의 굴레를 벗어나겠다고 몸부림치면서 경제적 자립을 이루기 위해 오로지 앞만 보고 달려왔다.

그 결과 우리나라 5대 재벌회사에서 수억 원의 연봉을 받으며 수천 명의 근로자를 거느린 CEO 자리에 올라 선망의 대상이 되었으니, 이만하면 시쳇말로 성공했다는 표현도 과장된 말은 아닐 수도 있다. 하지만 성공의 뒤안길에서 표현하기 어려운 나 자신에 대한 희생이 있었다는 것은 아무도 모를 것이다. 나는 성공을 해야 한다는 강박관념과 가난의 굴레를 벗어나겠다는 굳은 신념을 불태우며 확고한 의지를 가지고 살아왔다.

나이 서른에 신경성 위염과 식도염으로 시작된 위장장애는 위궤양으로 진행되었고, 평생 병마와 싸우면서 직장 생활에 전념했다. 그런데 왜 나는 현대의학으로 간단히 치유될 수 있는 신경성 위염과 식도염, 위궤양을 이겨내지 못하고 죽을 쑤어 보온도시락에 몇 년씩 싸들고 직장에 다녀야 했던 것일까?

은퇴 후에 곰곰이 생각해 보니 '성공(成功)'을 향한 욕망과 집착이 너무도 강렬했던 것이다. 이제부터는 하나씩 버리는 삶(인생)을 살기로 작심하고 내려놓으니 거짓말같이 호전되어 무슨 음식을 먹어도 속이 편하고 소화도 잘 된다. 그렇게 마시고 싶었던 냉커피와 콜라도 마시고 육류를 섭취해도 거뜬하게 소화가 잘 되는 것이다.

꿈을 이루고 천천히 아주 천천히 인생의 다음 단계를 다시 설계해 보면서 지금은 즐거운 일, 하고 싶은(실제 먹고 노는) 것을 찾아 자유분방한 삶을 누리고 있으니 더없이 행복하다.

나만의 명함 11글자에 담긴 비법

우리는 비즈니스 관계가 아니더라도 처음 만나 인사를 나눌 때 제일 먼저 악수를 하고 주고받는 것이 명함이다.

명함은 대개 회사 이름과 마크, 직책, 직위, 이름, 주소, 전화번호 등을 넣어 만든다. 어떤 이는 자기 얼굴을 크게 넣는가 하면 명함 종이 색깔을 천연색으로 하는 등 나름대로 차별화하기도 하지만 오래 기억에 남지 않는다. 특히 마케팅 분야에서 매일매일 사람을 만나 자신을 알려야 하는 사람과 개인 사업을 시작할 때 명함을 광고처럼 남발하는 경우도 많다. 길바닥에 버려진 명함, 자동차 문에 끼워 놓는 명함 등과 같이 자기 얼굴, 분신과도 같은 명함이 주목받기는커녕 사람들의 발길에 짓밟히는 경우도 많다.

나는 오래도록 기억시키기 위한 방법으로 명함에 색깔이 다른 11글자를 새겨 넣었다. "만나뵙게 되어 반갑습니다. Nice to see you"라고. 명함을 교환하고 난 후 대부분의 사람들이 "명함이 특이하네요. 참 좋은 아이디어입니다"라고 말해 대화를 이어나가기가 편하고 좋았다. 또 다음에 다시 만났을 때 그 명함으로 인해 오래 기억할 수 있었다는 이야기도 자주 들었다.

김민우의 책《나는 희망을 세일즈한다》에 "많은 사람을 만나는 것도 중요하지만 그보다는 한 사람 한 사람에게 최선을 다하는 것이 더 중요하다. 내가 건넨 명함에 마음이 담기지 않으면 결국 다른 명함들 속에 묻혀 버릴 종잇조각과 다를 게 없다"라는 글이 있다.

명함에 어떻게 마음을 담는다는 말인가? 그것은 한 장의 명함을 건네는 과정, 고객에게 최선을 다하는 자세와 고객을 존중하고 받드는 세일즈가 되어야 성공을 거둘 수 있다는 의미가 함축되어 있다고 생각한다. 수많은 고객에게 자기 이미지를 전달할 수 있는 방법 중에 독특한 문장이 담긴 자신만의 명함을 갖는 것이 중요하다.

나는 명함을 받으면 그 자리에서 명함 위쪽에 연, 월, 일을 적는다. 시간이 지나고 난 후 명함만 보아도 언제, 어디서, 누구와 무슨 일을 했다는 기억이 되살아나 유용한 자료가 되었다. 그리고 지금도 수천 장의 명함을 받은 일자 순으로 간직하고 있다. 한가한 시간에 명함철을 뒤져 보면 지난날이 회상되며 아름다운 추억이 새록새록 떠오른다.

이렇듯 명함을 어떻게 제작하고 어떻게 관리하는가는 매우 중요한 일이다. 손바닥 절반 크기도 되지 않는 명함. 어떻게 만들고 어떻게 활용하고 어떻게 관리할 것인지 곰곰이 생각해 볼 일이다.

인생의 멘토를 찾아라

성공한 사람 중에 닮고 싶은 인물이 있는가? 그런 인물을 찾아내어 그 사람의 일생에 자신을 대입시켜 닮은 형으로 만들어 가면 어떨까? 그 대상은 누구라도 상관없다.

나는 이순신 장군의 어록에 내 인생을 빗대어 일생을 살아왔다. 그분의 어록 중에 "집안이 나쁘다고 탓하지 마라. 나는 몰락한 역적의 가문에서 태어나 가난 때문에 외갓집에서 자라났다"는 것에 내 인생을 대입시켜 보면, "나는 네 살 때 아버지를 여의고 홀어머니 슬하에서 6남매가 자라는 동안 하루 세끼 밥을 제대로 먹어 본 적이 없다. 초등학교를 졸업하고 중학교 진학을 못한 채 어머니의 농사일을 돕다가 1년 늦게 진학하였다. 중학교를 졸업하고 또다시 1년간 농사일을 하다 고등학교에 진학하였으나 학비가 부족해서 문교부 대여 장학금을 받아 가까스로 학업을 마쳤다."

이순신 장군은 변방 오지에서 말단으로 근무하면서도 자기 임무를 충실히 완수하고 "좋은 직위가 아니라고 불평하지 마라. 나는 14년 동안 변방 오지의 말단 수비 장교로 돌았다"와 상사의 불의한 지시에도 꿋꿋이 맞서 핍박받은 일로 "윗사람의 지시라 어쩔 수 없다고 말하지마라. 나는 불의한 직속상사들과의 불화로 몇 차례나 파면과 불이익을받았다"라는 어록을 남겼다.

나는 40여 년 직장 생활과 견주어 보며 지냈다. "40여 년 직장 생활절반이 넘는 기간 나의 의사와는 전연 상관 없이 전문분야도 아닌 부서로 떠밀리듯 보직을 받아 근무했다. 직속상사로부터 부당한 승진 탈락에 항의하다 타부서로 전출당하고 말았다. 이사로 재직하던 중 사장의부당한 지시에 항의하다 임기 중 직위 해제되어 아무 보직 없이 머물다롯데제과를 떠나게 되었다. 가까스로 그룹 계열사로 전출되어 성과를올려놓고 나면 또다시 문제 있는 회사로 보직이 바뀌는 악순환의 연속이었다. 대표이사 보임을 받고서도 쓰러져 가는 회사를 반듯하게 정상화시키고 나면 또 힘들고 어려운 다른 계열사로 전출 명령이 떨어져 언제나 핀치히터 신세로 근무하면서도 불평이나 불만을 말하지 않고 내가 해야 하는 몫이라고 받아들이고 임무를 완벽하게 완수했다."

그리고 나는 청소년 시절 자취생활을 하면서 불규칙하고 영양의 부조화로 인해 일찍부터 위장병을 앓게 되었다. 서른 젊은 나이에 위장 질환을 앓아 사선을 넘나들었기에 건강관리를 위해 아침운동을 해 왔다. 새벽 5시 이전에 어김없이 일어나 매일 5km 달리기로 건강을 다졌으며, 2005년 11월 경추디스크 수술 이후로는 매일 아침 만보 걷기를 하고 있다. 또한 오랜 세월 통풍으로 고생하면서 요산강하약을 평생 복용하고있다. 이것 역시 이순신 장군의 "몸이 약하다고 고민하지 마라. 나는평생 동안 고질적인 위장병과 전염병으로 고통받았다"는 어록을 마음속에 새기면서 이겨 낸 결과물들이다.

나는 청소년 시절부터 이순신 장군의 삶에 나의 삶을 대입시키면서 어떤 난관에 부딪쳐도 굴하지 않고 열정적으로 살아왔다. 그리고 사랑으로 온몸을 희생하면서 6남매를 키우신 어머니를 평생 롤모델로 삼아 어머니가 내게 주신 값진 선물을 실천하려 노력했다.

- 일을 열심히 잘하면 성공한다.
- 정직하고 근면 성실하면 어디를 가든 굶지는 않는다.
- 혼자만 잘 살려고 하지 말고 형제간에 우애를 돈독히 하고 웃어른을 공경하고 충성을 다해야 한다.

여기서 정직이라는 단어를 되새기면서 나에게 주어진 일을 잘하면 그것이 곧 성공이라는 금언을 가슴속 깊이 품고, 형제애를 떠나 이웃에게도 언제나 나눔을 실천하고 대상이 무엇이든 충성을 다하는 자세로 살아왔다.

성공하고자 하는 뚜렷한 목적의식을 갖고 멘토를 찾아 자신의 삶을 멘토의 인생에 대비시키고 롤모델을 따르면 성공이라는 행운이 반드시 찾아올 것이라고 믿는다.

가수 인순이의 '거위의 꿈'

가수 인순이의 '거위의 꿈'이라는 노랫말을 천천히 음미해 보면 가
슴에 와 닿는 어휘가 정말 많다.

"난 난 꿈이 있었죠. 버려지고 찢겨 남루하여도 내 가슴 깊숙이 보물
과 같이 간직했던 꿈. 혹 때론 누군가가 뜻 모를 비웃음 내 등 뒤에 흘릴
때도 난 참아야 했죠. 참을 수 있었죠. 그날을 위해 늘 걱정하듯 말하죠.
헛된 꿈은 독이라고. 세상은 끝이 정해진 책처럼 이미 돌이킬 수 없는
현실이라고. 그래요, 난 난 꿈이 있어요. 그 꿈을 믿어요. 나를 지켜봐
요. 저 차갑게 서 있는 운명(현실)이란 벽 앞에 당당히 마주칠 수 있어요.
언젠가 난 그 벽을 넘어서 저 하늘을 높이 날을 수 있어요. 이 무거운
세상도 나를 묶을 순 없죠. 내 삶의 끝에서 나 웃을 그날을 함께해요."

멀리서 바라보는 산은 아름답다. 하지만 산에 올라 가까이에서 바라
보는 산은 온갖 잡초와 부러지고 못생긴 나무들이 한데 어우러져 아름
다운 풍경을 이루어 내고 있음을 알 수 있다. 이와 같이 사람들의 꿈도
하나하나 나누어 보면 보잘것없어 보이는 꿈이 너무나 많다. 하지만

온갖 잡초와 못생긴 나무들이 산을 아름답게 이루듯 보잘것없는 꿈도 다듬고 가꾸면 아름다운 산처럼 향기가 솟는 성공한 사람으로 만들어 주는 것이다.

자질구레한 조각 꿈이라고 남들이 비웃거나 손가락질해도 꿈은 자기 자신의 인생목표라고 할 수 있다. 막연히 어떻게 되어질 것이라는 것은 꿈이 아니고 환상이거나 몽상일 뿐이다. 자기 자신의 손안에 쥐어지는 현실의 꿈, 자신의 가슴과 머릿속에 깊숙이 박혀 있는 꿈, 어떤 난관이나 한계상황이 닥쳐도 과감하게 헤치고 나아갈 수 있는 생생한 꿈! 이러한 꿈은 크든 작든 문제가 아니다.

꿈(목표)을 이루기 위해서는 치밀한 계획과 계획에 맞는 철저한 실행이 따라야 이루어지는 것이다. 꿈은 시행착오가 있어도 그 원인을 반드시 알 수 있게 된다. 그래서 실패를 딛고 거울삼아 새로운 꿈에 도전하게 되는 것이다.

내가 일생을 살아오면서 차곡차곡 쌓아 온 확고하고 생생한 꿈(목표)은 나에게 다음과 같은 선물을 안겨 주었다.

- 꿈은 자기 인생의 길잡이가 된다. 즉 궁극적인 인생목표의 지향점이 되는 것이다.
- 꿈은 자기 자신의 독특한 바탕을 이루게 된다.
- 꿈은 자기 자신의 현실능력보다 잠재능력을 일깨워 준다.
- 꿈은 긍정의 바탕이 되고 원천이 되어 열정과 도전으로 임하게 된다.
- 꿈은 자기 삶의 동인(動因)이 되며 자기 통제력의 지표가 된다.
- 꿈은 삶의 시행착오에 대한 원인을 정확하게 알 수 있게 해 준다.

이와 같이 꿈(목표)을 가지고 살아가는 사람은 스스로에게 많은 선물을 받게 되어 성공적인 삶을 살 수가 있는 것이다. 분명하고 생생한 꿈(목표)을 많이 꾸고 다듬어 나가는 삶이 되어야 한다.

제2장
젊음의 열기 속에서
대한민국의 미래를 보다

진정한 사랑으로 섬김

한국장학재단 설립 등에 관한 법률(제9415호 신규 제정 2009년 2월 6일)에 의거하여 설립된 한국장학재단으로부터 사랑으로 섬기는 꿈과 희망의 징검다리 역할을 통해서 미래 한국을 이끌어 갈 인재양성 지원대책에 따른 '차세대리더육성프로그램'의 멘토로 위촉받았다. 국가의 미래를 이끌어 나갈 리더를 육성한다는 국가 백년대계에 과연 나 같은 사람이 자격이 있을까? 고민이 참 많이 되었다.

멘토로 위촉받게 된 사연은 이렇다. 2008년 직장에서 은퇴한 후 쉬고 있던 2009년 어느 날, 한국장학재단 초대 이사장을 역임한 이경숙 교수와 남대문 힐튼호텔 커피숍에서 만남이 있었다. 그때 우리나라는 사회, 기업, 종교, 문화, 체육, 교육, 공직 등 각 분야에서 성공적인 업적을 거둔 인물들이 많은데 은퇴 이후 그들이 쌓아 온 지식과 지혜가 후대에 잘 전수되지 않으니 한국장학재단이 설립되면 멘토링이라는 사업을 전개하여 젊은이들과 연결시켜 본격적인 활동을 전개할 계획이라면서 고졸의 신화를 이룬 이 사장님 같은 분이 동참해 주시면 감사하겠다는 제의를 받았다.

한국장학재단은 무상으로 지원하는 장학금뿐만 아니라 의지와 능력이 있는 사람은 누구라도 고등교육을 받을 수 있도록 대학 등록금은 물론이고 생활비까지 저렴하게 융자해 주고 학업을 마친 후 직업을 가져 수입이 있을 때 상환하는 제도를 아울러 운영하는 단체다.

이 단체에서 사회의 덕망 있는 인물 100명을 선정, 장학금 수혜자들인 대학생들이 꿈과 희망을 키워 가도록 길잡이 역할을 해 달라는 취지여서 딱히 거절할 명분이 없어 승낙을 했다. 하지만 이렇게 거창한 사업에 과연 어떻게 참여해야 할지 과제를 안게 된 것이다.

사실 나도 고등학교 등록금과 생활비가 모자라 1963년 당시 문교부 대여 장학금 20,000원을 받아 학업을 계속하고 군복무를 마친 다음 취업을 한 후 7년에 걸쳐 원금과 이자를 변제한 경험이 있기 때문에 한국장학재단에서 대학생들에게 저리로 융자해 주는 것이 나의 경우와 비슷했다.

사랑으로 섬기는 꿈과 희망의 징검다리 역할! 미래의 한국을 이끌어 갈 인재양성 대책의 일환으로 설립된 한국장학재단. 거기에 걸맞는 섬김의 멘토 역할은 과연 어떻게 해야 할 것인가?

멘토를 수락하고 '사랑으로 섬기는'이란 단어가 주는 강렬한 메시지에 문득 지난날 부산에서 주변정리를 하고 수도권으로 이사할 무렵 앞이 확 트인 바닷가에서 지인과 점심식사를 하면서 나누었던 이야기가 떠올랐다. 그는 40대 후반의 H은행 지점장이고 남편은 S증권 지점장으로 슬하에 고2 딸과 중3 아들을 두고 있는 슈퍼우먼이었다.

이런저런 세상 살아가는 이야기와 고객에게 감동을 안겨 준 사연, 자녀들과 남편, 시부모에 관한 것까지 세 시간 가까이 이어진 이야기

말미에 어떻게 하면 모든 가족이 행복하게 잘 살 수 있을까로 모아졌다. 그러고는 뭐니 뭐니 해도 아이들의 엄마, 남편의 아내로서 가족들에게 잔소리를 하지 않으니 가족의 평화가 이루어지더라는 답을 내놓았다.

무슨 내용인가 물었더니, 자기는 남편이 아이들에게는 자상한 아버지로 아내에게는 다정다감한 남편으로 부모님 공경 잘하고 직장에서는 성공한 사람이 되기를 기대하는 보통의 주부이자 일반적인 직장인인데, 남편의 흡연 문제로 심한 갈등을 겪었다고 한다. 그래도 남편이 변하지 않자 자신이 변하기로 마음먹고 오히려 남편을 사랑으로 떠받드는 자세로 바꾸었더니 마음이 편안해지더라는 이야기였다.

그리고 시부모에게 용돈을 드릴 때도 '주는 기쁨으로 행복'을 느낀다며 섬김의 의미를 되새겨 자신이 변하게 되자, 남편도 담배를 완전히 끊지는 못했지만 흡연 횟수를 줄였고, 시부모도 두둑한 용돈에 흐뭇해하시며 가족 모두 행복해졌단다.

남편을 사랑으로 섬기고 반대급부를 바라지 않고 주는 기쁨으로 행복을 느낀다는 그 말이 마음에 와 닿았다. 섬김 앞에 '사랑'이라는 수식어가 붙어 '사랑으로 섬기는' 자세는 무한의 배풂과도 같은 맥락이라 여겨진다.

가족이 아닌 타인에게 무한의 배풂과 나눔, 쉽지 않은 일이지만 사랑을 바탕에 깔고 섬기는 꿈과 희망의 징검다리 역할을 하기로 했다. 그래서 미래 한국을 이끌어 갈 인재들이 리더로서 성장해 나갈 수 있도록 나의 경험을 들려주어 그들의 등불이 될 수 있는 멘토 임무를 잘할 것이라고 다짐했다.

첫 멘티 선발에서 있었던 일

한국장학재단으로부터 장학금을 받는 우수한 대학생들에게 사회생활에서 얻은 내 인생 경험을 들려주고 본이 되어 줌으로써 미래 우리 사회를 이끌어 나갈 차세대들에게 꿈과 희망과 용기를 심어 주는 것이 멘토의 역할이다.

한국장학재단으로부터 18명의 명단을 넘겨받아 7~8명으로 압축 선정해야 하는 멘티 선발 과정이 있었다. 재단 장학금 수혜자들은 모두 우수한 인재들인데 그중에서 다시 우열을 가려야 한다는 것은 정말 쉬운 일이 아니었다.

기업 현장에서 신입사원 공모 때 서류전형을 거친 수많은 지원자들을 면접하면서 느낀 공통점이, 사람이 사람을 평가해서 합격과 불합격으로 나누는 일이 힘들고 어렵다는 사실을 알기 때문이다. 멘티로 지원한 자신을 꼭 선발해 주기를 간절히 바라는 이메일과 선발에서 제외된 어느 학생이 보내 온 이메일 등으로 마음이 편치 않았다. 선발과정에서 제외된 어느 학생의 사연에 대해 새벽잠을 설치면서 안타까운 마음을 전한 내용을 여기 옮겨 본다.

보낸 사람 : akwrhcjswo 2010. 08. 02 월요일 21시 58분 51초
받는 사람 : 1004의Dream

안녕하세요. 저는 얼마 전 멘토링을 신청했던 부산대학교를 다니는 22살 김정길이라고 합니다. 제가 이종규 선생님을 1순위로 신청했는데 떨어지고 말았습니다. 그 아쉬움에 메일을 쓰네요.

일단 결과에 대해 뭐라 할 말은 없습니다. 하지만 선생님의 인생철학을 간략하게나마 듣고 싶습니다. 짧게라도 가르쳐 주실 수 있으신지요?

저는 22년간 살면서 나름 고생을 많이 한 편입니다. 그래서 그런지 목표가 하나 생겼습니다. "20대의 열정에 30~40대의 생각을 가지는 것"입니다.

직접 뵙고 말씀드리지 못해 아쉬움이 큽니다만, 이 메일을 보신다면 제 간곡한 부탁을 들어주셨으면 합니다.

감사합니다.

이 메일을 받고 멘티 심사표를 찾아 학생의 지원서를 다시 꼼꼼히 살펴보고 용기를 잃지 말라는 답장을 보내고도 마음이 편치 않았다. 주변의 모든 것을 품고 갈 수 없는 내 힘의 한계라는 사실을 깨달았기 때문이다.

보낸 사람 : 1004의Dream 10. 08. 04. 04:43
받는 사람 : akwrhcjswo

정길 학생!
안녕하세요, 반갑습니다.
부산대학교 2학년 재학 중이라는 김정길 학생의 멘티 희망지원서
를 검토하면서 정말 고민을 많이 했어요. 한 살 때 아버지를 여의
고 홀어머니 슬하에서 성장한 과정이 나의 과거를 뒤돌아보는 것
같은 느낌이 들기도 했으니까요.
평생토록 아버지라는 단어를 입에 올려보지 못한 나는 아버지의
존재를 인식할 수 없었고, 내가 아버지가 되었을 때 아버지의 역할
을 어떻게 해야 하는 것인지도 모르고 본능적인 아버지 역할 외에
는 그 누구에게서도 이야기를 들을 수 없었지요. 그때의 안타까운
생각이 떠올라 김정길 학생이 선발되지 못한 것에 마음이 아팠습
니다.
김정길 학생은 이제 대학 2학년이니까 앞으로 매년 한국장학재단
에서 멘토링 사업을 지속할 계획이기 때문에 더 발전된 프로그램에
따라 졸업하기 이전에 반드시 멘티로 선발되어 유능한 멘토를 만나
게 될 것이라 확신합니다. 희망의 끈을 놓지 않기를 바랍니다.
김정길 학생의 목표라는 "20대의 열정에 30~40대의 생각을 가지
는 것"은 참 좋은 목표라고 칭찬을 드리고 싶군요. 하지만 20대의
열정은 좋은데 30~40대의 생각은 무엇인가요? 조금 막연한 느낌
이 들기도 하고….

30~40대의 분명하고 구체적인 생각이 무엇인지, 그리고 그 생각들이 현실에 부합되고 타당한 것인지, 또한 가치 있고 의미 있는 생각인지를 찾아내야 할 것으로 봐요.

그리고 자신이 생각하고 있는 장래 희망을 좋은 배우자, 좋은 직업, 성공 따위가 아닌 "시골에 임야를 구입해 산 정상에 천문대를 세우고 산자락에 그림 같은 집을 지어 가족, 친지들과 화목하게 살고 싶다"고 했는데, 그 꿈을 이루려면 먼저 취업이든 사업이든 산을 구입할 자금이 있어야 하지 않을까요?

둘째, 화목한 가정을 이루려면 좋든 싫든 먼저 배우자를 만나 가족을 형성해야 할 것이고,

셋째, 이러한 것이 일생 동안 차곡차곡 모아져야 성공이라는 단어를 쓸 수 있는 것이니까, 성공의 길이란 가장 낮은 밑에서부터 하나하나 소박하고 작은 꿈이 이루어져야 한다는 강한 믿음부터 가져야 되는 것이라고 말해 주고 싶군요.

그래서 멘토로서 한마디 더 들려주고 싶은 것은 먼저 자신의 정체성(자기 자신의 모든 것, 즉 출생에서부터 자신의 성격, 개성, 능력, 환경, 장단점 등을 총망라)을 찾은 후, "정직의 바탕에서 잉태한 긍정이라는 씨앗을 열정과 도전, 근면과 성실로 싹틔우겠다"는 자기 암시를 평생토록 간직했으면 하는 조언을 드립니다.

성공의 과정에는 실패든 성공이든 생략되는 것은 아무것도 없다는 사실을 명심하기 바라며 줄입니다.

오늘도 즐겁고 기쁨 속에 좋은 하루 맞이하시기를 기원합니다.

이 학생은 자기가 왜 멘티로 선발되지 못했는지 질문을 해 온 유일한 학생이었다. 멘토링에 참여하여 자신의 부족한 부분을 보완해 보려는 의지가 누구보다 강렬했기에 자신의 뜻을 메일로 전해 왔지만, 멘티 선발심사가 완료된 후의 일이라 달리 구제할 방법이 없었다.

자신이 설정한 뚜렷한 꿈과 목표를 이루고자 하는 배짱과 의지, 열정이 넘치는 그가 다른 학생들과는 비교되지 않는 우수한 인재임이 틀림없었다.

나의 멘티로 선발되지 못했지만 이와 같이 이메일을 주고받은 인연으로 개인적인 멘토 역할을 하기로 하고 그해 여름 부산해양대학교에 특강하러 갈 때 직접 만나 얼굴을 알게 되었다. 그 이후 전화, 카톡, 메일 등을 주고받으면서 멘토와 멘티의 끈끈한 인연을 쌓아왔다.

세월이 한참 흐른 후 그는 기상청 공무원이 되어 찾아왔다. 부탁이 있다기에 무엇인가 했더니, 함께 공직에 입문한 동기들에게 특강을 해 달라는 것이었다. 인원이 20여 명에 이르러 내가 살고 있는 아파트 인근의 커피숍을 빌려 2시간 특강을 해 준 기억은 잊을 수 없는 추억이 되었다. 지금은 우수한 대한민국 공무원으로 기상청 예보국 예보기술과에 근무하는 그와 가끔 소식을 주고받으며 소중한 인연을 이어가고 있다.

젊음의 열기 속에서
대한민국의 미래를 보았다

사회 저명인사 100명의 멘토와 우수한 대학생 중 선발된 멘티들이 결연식을 맺는 한국장학재단 제1기 KorMent 발대식이 강원도 용평 리조트에서 거행되었다. 행사일정표를 확인하고 리조트로 바로 가는 것이 편할 것 같아 기대감을 안고 직접 운전해서 가기로 했다. 아침 일찍 서둘러 출발했더니 다행히 여름 휴가가 끝나가는 시기여서 오전 11시경 목적지에 도착했다.

안내서에는 12시부터 멘티와 함께 식사를 하기로 되어 있었다. 그런데 멘티들이 버스로 단체 이동을 하느라 예정 시간보다 훨씬 늦은 오후 1시경 도착하는 바람에 식당에 우두커니 앉아서 2시간 넘게 기다렸다.

나는 직장 생활 중 4년을 특급호텔 사장으로서 2002년 5월 한일월드컵, 2002년 부산아시안게임, 2003년 대구하계유니버시아드 캐터링 사업, 아태장애인경기대회 그리고 아시아태평양경제협력체제(APEC) 행사 등 수많은 국제행사에서 VIP 영접과 환영행사를 진두지휘했었다.

이렇게 거대한 행사를 치르는 주체 측의 진행이 너무 엉성하고 짜임새가 없어 불편했지만, 멘토라는 직무 수행을 위한 것이기에 긴 시간

기다리는 고초를 감내하고 있었다. 예정시간보다 늦게 도착한 버스에는 개인사정으로 2명이 불참하여 8명이 처음 인사를 나누고 함께 점심식사를 한 다음 발대식장으로 이동했다.

발대식이 끝나고 리더십 과정과 모의면접 행사에 면접관으로 선정되어 모의면접을 끝낸 후 멘티 8명과 함께 야외에서 만찬을 했다. 그리고 재단에서 준비한 10개 팀의 공연이 이어졌다. 학생들의 공연이 끝나고 초청가수의 공연이 시작되자 지정된 좌석에 얌전히 앉아 있던 수많은 학생들이 자리를 박차고 무대 앞으로 몰려들더니 율동과 박수와 노래로 가수와 호흡을 맞춰 열광의 도가니가 되었다. 저렇게 젊음을 발산할 수 있는 공간, 즉 일을 그토록 열광적으로 할 수 있는 장소가 모두에게 제공되는 사회가 된다면 우리 미래는 정말 희망 그 자체로 보였다. 그들의 넘치는 열정과 광적(?)인 에너지는 조금 전까지 보아왔던 모습과는 완전히 다름을 느꼈다.

밤 11시가 넘어 멘티들과 헤어지면서 내일 아침 7시 호텔 후문 주차장에서 만나기로 약속했다. 오랜만에 장거리 운전을 하고 학생들과 어울려 이런저런 얘기를 나누느라 몹시 피곤했지만, 새벽 5시에 일어나 만보 걷기 운동을 하고 약소 장소에 도착하니 멘티 6명이 와 있었다. 5분이 지나도 두 명이 오지 않기에 그들 숙소 방향으로 올라가니 함께 내려오고 있었다. 첫 약속시간을 지키지 않은 멘티에게 어떤 조치를 취해야 그들에게 참고가 될 것인가, 순간 고민이 되었다. 하지만 벌칙보다 격려의 메시지를 던지고 아스팔트 주차장 길을 걷도록 했다.

1km 정도를 지나니 흙길이 나타났다. 모두 걸음을 멈추게 한 후 "우리가 지나온 길이 어떤 길이었는가?"라고 질문을 던졌다. 모두 의아한

듯 주저하는 분위기여서, "방금 지나온 곳은 시멘트 길이 아닌가. 원래 그곳도 지금 우리가 서 있는 흙길이었는데 인위적으로 시멘트를 사용하여 주차장의 목적에 맞도록 만들었기 때문에 현재는 주차장으로 사용되고 있다"고 자세히 설명하고 다시 산자락 흙길을 1km 이상 걸었다.

밤새 내린 비로 2m 간격으로 물이 고여 있어 내가 먼저 건너뛴 다음 한 사람씩 건너오도록 했다. 어느 학생은 손을 잡아 주고, 어느 학생은 물에 빠져 운동화가 젖기도 했다.

마땅한 장소를 찾지 못해 흙길에 선 채 첫 강의를 했다.

"앞으로 여러분이 사회생활을 할 때 모든 현상을 있는 그대로, 즉 사실(Fact)을 사실대로 바라볼 수 있는 눈을 가져야 한다. 그 바탕 위에 인간이 필요한 목적에 합당한 것을 보태면 창의가 되어 목적하는 방향의 것으로 만들어 새로운 것을 얻을 수 있다. 그러니 방금 우리가 지나온 자연 그대로의 흙길에 시멘트를 덮어 변화된 것이 주차장이다. 이러한 변화 과정을 창의성과 대비해 보면 좋지 않을까? 그리고 흙길에 고인 물을 건너기 위해 얼마나 고심했는가? 그렇게 평탄한 흙길을 걸어도 생각지 못한 장애물이 가로막고 있었다. 이처럼 삶(인생)에도 반드시 굴곡이 있게 마련이고 실패와 좌절, 성공이 롤러코스터처럼 수없이 반복적으로 찾아온다. 하지만 꿈을 잃지 않고 열정적으로 도전함으로써 성공의 길에 다다를 수 있는 것이니 평생 가슴에 새겨 잊지 않기를 바란다."

이어 아침 식사를 마치고 9시 정각에 928호실 남학생 숙소에 모여 자신이 생각하는 성공이란 어떤 것인가에 대해 이야기를 나누었다. 그들의 대답을 간단히 요약해 보았다.

A학생 : 내가 하고 싶어서 하는 일을 즐겁게 느끼면서 이루어 나가면 그 모든 것이 쌓여 성공이라는 결과에 도달할 수 있을 것 같다.

B학생 : 자신이 하고 싶은 꿈을 목표대로 이루면서 결과에 만족한다면 성공이라고 할 수 있다.

C학생 : 다른 사람의 인생에 영향을 주어 그 사람을 올바른 방향으로 변화시켜 보람을 느끼고 희열을 느낀다면 성공이라고 생각한다.

D학생 : 자신이 가고자 하는 길을 차근차근 앞으로 나아간다면 성공에 이룰 수 있을 것이다.

E학생 : 자신은 대학교를 졸업하면 미래에 도서관을 운영하고 싶은데, 많은 아이들이 책을 읽고 올바른 방향으로 변화되는 모습을 바라보면서 자신이 바라는 꿈이 이루어지면 성공이라고 생각한다.

F학생 : 나의 행복도 대단히 중요하다. 하지만 다른 사람의 행복도 내가 찾아주면 성공이라고 생각한다.

G학생 : 무엇보다 나 자신이 행복감을 느껴야 될 것 같다. 스스로 행복을 느끼는 삶이 되어야 성공이라고 본다. 주어진 현상 그대로 언제나 감사하는 마음으로 살아가면 성공이라고 생각한다.

H학생 : 일단 물질의 풍요로움이 뒷받침되어야 할 것 같다. 물질의 풍요로움이 없으면 나눌 수가 없을 것 같기에 물질이 뒷받침되면 주변에 베풀기도 하고 선행을 할 수 있는 기회도 많을 것으로 본다. 그렇게 되면 성공이 아닐까 싶다.

나는 이들의 성공에 대한 대답을 듣고 난 후 '이것이 성공이다' 라고 한마디로 말할 수는 없고, 각자 생각하는 성공 기준이 개인의 가치관에 따라 달라질 수 있다고 설명했다.

그러나 일반적으로 성공이라고 할 수 있으려면 무엇보다 자신이 바라는 꿈을 이루어 많은 사람들로부터 축복받을 수 있는 삶이어야 한다고 본다. 다른 사람으로부터 축복을 받지 못하면 어떻게 성공이라고 할 수 있겠는가? 어떤 경우라도 사회규범에 저촉되지 않게 죄를 짓지 않는 삶, 도덕적으로 흠결 없는 삶이 되어야 한다.

또한 꿈을 이루어 가는 과정에 자신이 부족한 부분은 반드시 앞서 성공한 사람들의 과정을 살펴 그들이 삶을 통해 체득한 경험을 간접경험으로 만들라고(멘토) 했다. 이러한 전 과정을 거치면서 멘토넷 결연식을 끝냈다.

눈망울이 초롱초롱한 젊을 그대들이여!

5년, 10년, 20년, 30년 후 그날까지 오늘 나눈 이야기들을 잊지 않고 실행으로 옮긴다면 성공의 반열에 오르지 않을까? 그리고 그것이 우리 대한민국의 희망이라는 생각을 하면서 1박2일 멘토링 네트워크 행사의 감동을 안고 돌아왔다. 젊음을 불태워서 우리 미래를 희망의 바다로 만들어 가기를 기원한다.

나는 첫 멘토링에서 팀 명칭을 "Dream1004 성공을 이루려면 사람의 마음을 읽어야 한다"라고 정했다.

여덟 가지 원칙에 따른
멘토링 프로그램

'세 살 버릇 여든 간다' 는 속담이 있다. 청소년 시절에 인성의 바탕이 짜임새 있게 습관화되면 일생 동안 성공한 삶(인생)이 되리라고 확신한다. 나는 청년들에게 지식보다 인성(사람의 성품. 각 개인이 가지는 사고와 태도 및 행동 특성), 품성(사람 된 바탕과 타고난 성품. 사물 따위에서 느껴지는 품위), 성질(사람이 지닌 마음의 본바탕. 사물이나 현상이 가지고 있는 고유의 특성을 아울러 이르는 말)을 제대로 갖추게 하기 위해 다음 여덟 가지 원칙에 따른 멘토링 프로그램을 만들었다.

첫째, 가능성 있는 무한한 꿈을 꾸어라.
둘째, 모든 현상은 정직이 바탕인 사실에 방점을 두라.
셋째, 인간은 사회적 동물이다. 공동체 의식 함양과 약속 지키기를
　　　생활화하라.
넷째, 확고한 국가관을 가져라.
다섯째, 나누고 베풀고 희생하는 봉사와 헌신을 체화시켜라.
여섯째, 사랑이 바탕이 되는 고마움과 감사함을 몸에 익혀라.

일곱째, 차이로 인한 차별에 불평하지 말고 경쟁을 받아들여라.

여덟째, 과정 중심적 삶이라야 한다. 아무리 좋은 결과를 얻었다 해
도 과정이 순수하지 못하고 적당히 치부된 삶은 허상이 된
다. 과정 중심적 사고에 근거한 삶(인생)이 되도록 하라.

이와 같은 기본 바탕 위에,

1) 노트에 자신이 하고 싶은 것을 1,000개 이상 기록해 보라.

2) 어떤 경우라도 거짓은 용납되지 않는다. 자신이 비록 손해를 보는
경우라도 진실된 삶을 살도록 하라. 사실에 근거하지 않으면 잘못
된 결과의 원인 파악이 되지 않는다. 원인 파악을 하지 못하면 같
은 실수를 거듭하게 된다.

3) 어떤 경우라도 자신의 꿈을 이루어 성공한 삶(인생)이 되려면 반드
시 다른 누구의 협조와 협력 없이는 불가능하다. 평소에 약속을
잘 지켜서 신뢰를 얻고 공동체 의식을 체화하여 다른 사람에게 피
해를 끼치는 행동은 하지 않아야 한다.

4) 투철한 국가관 없이 아무리 지구촌, 세계화, 국제화 시대의 경쟁
운운해 봤자 우물 안 개구리 신세를 면치 못할 것이다. 멘토링 과
정에 반드시 '용산전쟁기념관 관람과 동작동 국립현충원' 참배는
기본적으로 시행한다.

5) 물질이든 마음이든 자신이 보유한 가치 있는 것을 타인에게 나눔
과 베풂, 봉사와 헌신의 자세가 되면 상대방 역시 보은의 형태로
자신에게 도움을 주는 상황으로 바뀌게 된다. 이기주의보다 이타
주의로 인생을 살다보면 반드시 주변 사람들이 자신에게 협력을

아끼지 않는다. 그러한 체험을 위해 멘토링 활동 중 반드시 하루
는 지체부자유자 돕기, 농촌 봉사활동, 보육원 방문 등 사회의 그
늘진 곳에서 몸소 경험을 하도록 한다.

6) 동물도 어미는 새끼를 위해 목숨을 바칠 만큼 몸으로 사랑을 표현
하는데 사람이 사랑을 모르면 동물보다 못한 존재일 것이다. 부모
님으로부터 물려받은 고귀한 생명체, 나를 세상에 있게 한 부모님
께, 이웃과 사회를, 자신이 몸담고 있는 조직과 국가를 온몸으로
껴안을 수 있는 사랑을 바탕에 둔 자세로 언제나 사랑합니다, 고
맙습니다, 감사합니다를 체화시킨다.

7) 아무리 평등을 외쳐 봐도 인간은 상대적인 차이로 인해 평등할 수
가 없다. 차이로 인한 차별적인 것을 평등이라는 잣대로 아무리 우
겨도 해결되지 않는다. 차이로 인한 차별을 극복하는 길은 오로지
경쟁밖에 없다. 경쟁으로 나의 2% 부족분을 채워 나가야 한다.

8) 지구상의 수많은 국가 중 대한민국이 유일하게 반세기에 걸쳐 눈
부신 경제성장과 민주주의를 완성했다. 이렇게 압축성장 과정에
서 질서가 무너지고 요령이라는 것이 일반화되고 보편화되어 대
부분 좋은 게 좋다는 적당주의가 판을 치다 보니 모두 결과가 좋
으면 좋다고 한다. 이는 다시 결과중심적 사고로 자리 잡게 되어
과정을 무시하는 경향이 너무나 많다. 과정이 생략되거나 과정이
잘못된 일이 좋은 결과를 얻는 것은 우연이거나 행운일 뿐이다.
인생에서 행운을 바라는 삶은 바람직한 삶이 못 된다. 과정을 무시
하고 결과만 바라보는 삶이 습관화되면 실수나 실패를 한 경우 원
인을 알 수 없게 된다. 실수나 실패의 원인을 모르면 잘못된 실수

와 실패를 계속 반복적으로 저지를 수밖에 없다. 이는 곧 실패한 삶(인생)으로 연결된다.

이러한 내용을 바탕에 두고 엄격한 시간관리와 사소하고 작은 것의 실천과 실행을 생활화하는 좋은 습관을 기르게 하는 멘토링의 여정에 돌입했다.

멘티들과 함께한 계룡학사 봉사활동

열악한 환경과 조건에서도 꿋꿋하게 살아가는 충남 계룡학사에서 봉사활동을 했다. 이곳에서 멘티들이 깨달아야 하는 것은 무엇인가? 어떤 일이든 기본을 익히고 자신이 다른 사람들보다 기본이 잘 갖춰져 있는지와 이곳에 머물고 있는 어린이, 청소년들과 비교할 때 무엇을 어떻게 느껴야 할까?

먼저 이곳에 머물고 있는 아동들의 70% 이상이 결손가정 아이들이다. 우선 멘티들은 '나는 행복한 사람이구나' 라는 사실을 떠올려야 할 것이다. 왜냐하면 최소한 가족이라는 울타리 안에서 생활하고 있는 것만으로도 그렇다. 이곳에 머물고 있는 어린이와 청소년들은 일찍부터 시련 속에서 살아가고 있다. 멘티들은 어떤 시련을 당하더라도 웃어넘길 수 있는 능력을 키워 나가야 한다. 이곳 아이들의 표정이 무척 해맑고 웃음도 많았다. 그래서 나는 다음과 같은 몇 가지를 당부했다.

1) 명랑한 성격은 재산보다 귀하다

이곳에 있는 아이들의 표정을 보라. 깊은 내용을 짧은 시간에 다 알 수는 없지만 밝게 웃는 모습만 봐도 인성과 품성이 좋아 보인다. 인성과 품성도 노력 여하에 따라 얼마든지 달라질 수 있으며, 신체 발육과 같이 정신도 음지가 양지로 변화될 수 있음을 알아야 한다. 자신이 어떤 시련을 당하면 가능한 한 웃음으로 넘겨 상대에게 나타내지 않는 것이 좋다. 굳이 다른 사람 마음을 불편하게 만들 필요가 없다는 뜻이다. 그렇게 되면 다른 사람의 마음을 얻을 수가 없기 때문이다. 이곳에 있는 아이들은 웃음 띤 얼굴로 만나는 사람들에게 먼저 인사를 하지 않는가?

2) 무엇보다 기본에 충실해야 한다

이곳에서 '건전아동양육을 위한 원내 프로그램' 중 가장 눈에 띄는 것은 '골프부'다. 우리나라에서 골프가 대중화되었다고 해도 아직은 경제적으로 벅찬 스포츠라고 생각한다. 그런데 사회복지법인 기관에서 골프부를 운영하는 것이 매우 힘들 텐데 다행히 지역의 후원자가 연간 1,000만 원을 지원해 주어 가능하다는 얘기를 들었다.

여기서 하나의 문제점을 지적하고자 한다. 세 명의 골퍼가 연습을 하고 난 후 자기가 친 공을 당연히 제자리에 모아 놓아야 하는데, 지휘자가 사방에 널려 있는 골프공을 한곳에 모으라고 지시해도 꿈쩍도 않기에 내가 먼저 공을 줍기 시작했다. 잡초가 우거진 가시덤불 속에 묻힌 오래된 공까지 300여 개를 찾아 연습바구니에 담아 주었다. 공을 줍다 가시덤불에 긁혀 간호사에게 치료를 받기도 했지만.

만일 내가 골프부에 들어갔다면 표적지 앞에 최경주, 양용은, 박세리, 신지애 등 골프로 성공한 인물 사진을 걸어놓고 자신도 그들과 같이 국제적인 골퍼가 되겠다는 뚜렷한 목표를 제시해 놓았으면 얼마나 좋을까 하는 아쉬운 마음이 들었다.

꿈을 이루려면 반드시 권리와 의무를 동시에 이행해야 하는 '기본을 모르고 성공을 이룰 수 없다는 사실'을 꼭 숙지하여 기본이 몸에 배게 해야 한다.

3) 상대를 알기 위해 어떤 노력을 기울여야 할까?

철강 왕 앤드류 카네기가 성공할 수 있었던 요인은 내가 무엇을 알거나 무언가를 해서가 아니라 나보다 잘 아는 사람을 뽑아 쓸 줄 알았기 때문이었다. 유능한 사람을 뽑았다 해도 그 사람의 마음을 얻지 못하면 성공할 수가 없는 것이다. 이것은 누구나 알아 두어야 할 귀한 지식이다.

그는 증기식 기계에 대해서 잘 알지 못했지만, 그보다 훨씬 더 복잡한 인간을 알기 위해 노력했다. '여기, 자신보다 더 우수한 사람을 어떻게 다뤄야 하는지 알았던 사람이 누워 있다'는 카네기의 묘비 글귀처럼 다른 사람을 이해하고 그의 마음을 얻는다는 것은 대단히 어렵고 힘든 일이다. 항상 상대의 마음을 읽고 자신의 마음과 일치시켜야 한다.

4) 스스로 기회를 만드는 지혜를 가져라

카네기 역시 가장 낮은 일자리인 사무실 청소부 일을 했다. 나도 신입사원 시절 화장실 청소를 자원해서 한 적이 있다. 전보배달부 철강 왕 카네기 역시 아침에 사무실 청소를 해야 했기 때문에 기사들이 출근하기 전에 일찍 나와서 전신기기들을 만져볼 수 있었다. 카네기는 그렇게 스스로 기회를 만들어 갔다. 그래서 전신기기 키를 조작하여 자신과 같은 목적으로 기계를 만지는 다른 전신국 소년들과 통신할 수 있었고, 사람이 무언가를 배우면 오래지 않아 그 지식을 활용할 기회가 반드시 온다는 것을 알게 되었다.

나 역시 오래 화장실 청소를 함으로써 상사의 마음을 얻게 되었고, 그렇게 봉사를 체화시키려고 노력한 계기가 기회가 되어 내가 속한 조직에서 비교적 성공할 수 있는 바탕을 만들었다.

5) 어떤 일이든 도전하는 사람이 되어야 한다

우리는 은행 따기와 벽돌 나르기를 4시간 넘게 하면서 아주 단순한 일임에도 그 일을 하는 방법과 개인의 자세에 따라 엄청난 차이가 있음을 알게 되었다.

카네기는 "유능하고 자발적인 젊은이가 자신이 성실하고 유능하다는 것과 성공을 향한 불굴의 의지를 가졌음을 증명하지 못할 정도로 단순하거나 낮은 일자리란 결코 없다"고 말했다. 나는 무슨 일이든 다른 이가 하는 방법과는 달라야 성공할 수 있다는 뜻이라고 생각한다. 다른 사람이 하는 일과 똑같은 방법으로는 성공하기 어렵다. 남이 가지 않는 미지의 길에 도전하는 사람이 되어야 한다.

6) 마음의 눈을 크게 뜨고 견문을 넓혀 나가라

우리가 봉사활동을 위해 여기까지 먼 곳을 선택한 이유가 있다. 다소 힘은 들지만 시간 날 때마다 자주 여행을 하라. 환경이 다르면 차이점을 알 수 있는 역량이 커진다. 환경이 다르기 때문에 차이와 차별을 구분하는 능력을 키울 수 있다는 것이다.

이 세상은 서로 다른 차이가 모여 조화로운 조직문화를 이룬다. 해외 여행을 다녀보면 그 나라 사람들의 열심히 살아가는 모습을 볼 수 있다. 우리가 이렇게 멀리 찾아온 것은 봉사활동이라는 것 외에 차이와 차별이 엄연히 다르다는 것을 알기 위한 목적도 있었다. 차이와 차별을 구별하지 못하는 사람은 항상 불평과 불만 속에서 불행한 일생을 살게 된다는 사실을 알았으면 좋겠다.

제1기 KorMentor 마무리

한국장학재단 국가장학금 수혜자 중 대학 3학년생 넷, 4학년생 다섯 명을 멘티로 멘토링을 시작했다. 사실은 멘토라기보다 젊은 멘티들에게 무엇인가 배우겠다는 자세로 그들과 함께 사회복지시설과 중소기업 현장을 누비며 봉사활동도 하고 어떻게 살아야 성공된 삶인가를 가르쳐 주려고 나름 애를 썼다.

3학년들은 별 문제가 아니었지만 4학년들은 당장 진로를 어떻게 결정할 것인가가 하나의 과제였다. 한 명은 의학전문대학원에 진학하여 의사의 꿈을, 또 한 명은 교직의 길을 가기 위해 대학원에 진학했고, 세 사람은 각자 취업이 되어 얼마나 다행스러운지 모른다.

멘토링 활동 중 멘티들이 느꼈던 점과 각자 미래의 꿈이 무엇인지를 정리해《Dream 1004》라는 작은 책으로 엮어 마지막 공식 활동을 마치는 날 나눠 주었다. 정말 흐뭇하고 보람있었다. 짧은 기간이었지만 함께하며 정도 많이 들었기에 앞으로 연 2회 모임을 갖기로 하고 헤어지면서 각자 짧은 글을 쓰게 하였다. 토씨 하나 바꾸지 않고 원문 그대로 여기에 소개한다.

선생님!

선생님께 늘 감사드리고 또 감사드립니다. 인생에서 멘토를 만나 가르침을 받을 수 있다는 것이 이렇게 즐겁고 설레는 것인지 왜 그전에는 알지 못했는지 뒤를 돌아보며 많이 반성한 시간이었습니다. 엄격하실 줄만 알았는데 밝은 미소와 따뜻한 말 한마디 한마디가 너무나 인간적이었고 정말정말 좋았어요. 선생님, 더 감사한 마음은 앞으로 저의 행동을 통해 보여 드리겠습니다. 감사합니다.

– 은별 올림

이종규 선생님!

안녕하세요? 저 한나예요. 짧은 시간이었지만 인생 공부 제대로 시켜 주셔서 감사드립니다. 어디서도 누구에게도 배우기 힘든 귀한 가르침!! 절대 잊지 않고 마음속으로 되새기며 살아가겠습니다. 감사하고 사랑합니다. – 멘토님을 존경하는 한나 올림

발대식 캠프에서 처음 만나뵈었던 그 순간부터 멘토님의 열정과 카리스마에 '아, 이분이 나의 멘토시구나!' 하는 생각으로 내내 행복했습니다. 6개월 동안 인생과 세상에 대해 많은 것을 가르쳐 주셔서 정말 감사합니다. 잊지 않고 꼭 실천하도록 노력하겠습니다. 항상 부족한 저를 이끌어 주시고 가르쳐 주시고 고민도 들어주셨는데 자꾸만 감사하다는 말씀만 드리게 되네요. 앞으로 자주 연락드릴게요. 올해도 건강하시고 좋은 가르침 많이 주세요. – 다솜 올림

지난 한해 동안 보이지 않는 곳에서 항상 응원해 주신 선생님께 진심으로 감사드립니다. 이제 곧 사회에 첫발을 내딛게 되는데 선생님의 가르침을 가장 기본으로 삼고 항상 정진하도록 하겠습니다. 2011년 한해도 늘 건강하세요.   - 종훈 올림

선생님, 지난 6개월 동안 저에게 많은 이야기를 해 주셔서 정말 감사합니다. 선생님의 모든 말씀 하나하나 새기면서 살아갈게요. 항상 감사하고 틈틈이 연락드릴 테니 꼭 받아주세요. 받기만 한 것 같아서 너무 죄송스러워요. 2011년도 무사히 잘 보내시고 항상 건강하세요. 선생님, 사랑합니다.   - 지현 올림

안녕하세요! 예슬이에요. 6개월 동안 좋은 추억, 좋은 가르침 많이 받아서 행복했습니다. 어제 메일 보냈는데 보지 못하셨나 봐요. 아무튼 감사드리고 앞으로 계속 연락드릴게요. 그동안 제가 너무 만나는 활동에만 치중한 것 같아 아쉬움이 많이 남습니다. 항상 건강하시고 저희 잊으시면 안돼요. 감사합니다.   - 예슬 올림

초등학교 6년, 중·고 6년, 대학 4년, 총 16년 동안 교정의 은사님보다 선생님을 만나게 된 것이 가장 큰 선물이었습니다. 이 모임이 끝이 아닌 시작을 알리는 만남이라고 생각하니 아쉽지 않습니다. 저희 멘티를 친자식처럼 생각해 주신 은혜, 나중에 멘토가 되어 되돌려 드리겠습니다. 이젠 취직한 멘티들이 있으니 금전적 부담을 줄이시고 분기별로 한 번씩이라도 꼭 만났으면 좋겠습니다. 계모임

형식으로 돈을 조금씩 모아 'Dream 1004'의 작은 장학금을 만들어 봐요.　　　　　　　　　　　　　　　　　　　　　　　　 – 상길 올림

선생님! 2주간 멘토링 캠프에서 저의 멘티 6명을 가르치면서 선생님 생각이 많이 났습니다. 아직은 많이 부족한 제가 아이들을 가르쳐도 될까 하는 걱정이 많았지만, 아이들을 지도하면서 제 마음에서 우러나오는 마음으로 가르치는 기분은 느낄 수 있었습니다. 선생님께서도 또한 저희에게 그렇게 가르쳐 주셨기 때문에 정말 감사드립니다. 6개월간 선생님께 들은 말씀 마음속에 오래 기억하고 실천하겠습니다. 2011년 올해 건강하시고 좋은 일만 가득하시기 바랍니다. 감사합니다, 선생님!　　　　　　　　　　　　 – 진호 올림

멘티 너희가 일생을 살아가다 위기를 만났을 때, 오늘 손에 쥐어준 그 책 속에 대학생 시절 자신이 품었던 이상과 꿈(멘토는 그것을 초심이라 정의했다)을 다시 한 번 되새겨보고 초심으로 돌아가 좌절을 딛고 일어서길 바란다. 그리고 모두 꿈을 이루어 성공의 길로 나아가 우리나라 미래의 리더로서 주역이 되기를 기원하는 멘토의 심정으로 이 글을 남겨두고자 한다.

　　　　　　　　　　　　　　　　　　 2011년 1월 15일 멘토 이종규

　이렇게 제1기 멘토링을 마치게 되었고, 한국장학재단으로부터 KorMent 활동 우수사례로 선정되어 우수상 상장을 받았다.

제 87 호

상 장

우수상

부　　문 : 우수사례
팀　　명 : 이종규 멘토팀
성　　명 : 송은별

이종규 멘토팀은 2010년도 KorMent
우수사례 및 멘토링 수기 공모에서 위와
같이 수상하였기에 이 상장을 수여합니다.

2011년　4월　23일

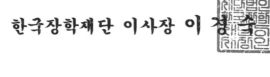한국장학재단 이사장 이 경 숙

봉사활동을 통한 좋은 습관 만들기

사람은 습관적인 행동이 삶의 70~80%를 넘는다고 하면 과장된 이야기일까? 무엇이든 한번 습관화되면 좀처럼 고치기가 어렵다.

흡연자가 금연을 하겠다고 굳은 결심을 하고서도 좀처럼 그 습관을 고치지 못하는 경우를 종종 보아왔다. 그래서 사람은 습관적인 동물인지도 모른다.

얼마 전 어떤 설문조사에서 학생들이 가장 중요하게 생각하는 리더십 덕목은 첫째 좋은 습관 만들기, 둘째 자신감, 셋째 발표력, 넷째 도전정신, 그리고 마지막으로 판단력이라고 답한 글을 보았다. 이렇듯 어릴 적부터 몸에 밴 좋은 습관으로 평생을 살아간다면 성공적인 삶을 살수가 있을 것이다.

한국장학재단에서 장학금을 받고 있는 대학생을 멘티로 지난해에 이어 2기 멘토링 활동을 시작했다. 각 대학에서 학업성적이 우수하고 봉사활동도 열심히 하고 있는 그들에게 학교를 벗어나 일생을 살아오면서 터득한 경험을 전수하고 동시에 인생의 길잡이가 되어 주기 위한 프로그램을 만들어 월 1회 모임을 가졌다. 각자 꿈꾸는 인생 모델을 찾아 그 사람의 일대기를 탐독하라는 메시지를 던져주고 강의, 고행의 산행, 토론, 봉사활동 등을 겸해서 교육을 했다.

사실 교육이란 인간을 인간답게 만드는 중요한 활동이기에 교육의 양태는 시대나 장소에 따라 다르게 나타나는 것이라고 생각한다.

나의 학창시절 교육이란 선생님의 이론적인 말씀을 귀로 듣는 것뿐이었다. 실험기구는 그림으로 보는 것이 전부였고, 실습이라는 것은 아예 찾아볼 수도 없었다. 도서관이라는 곳도 없어 교과서 외에는 책을 구경하기 어려웠고, 책 읽기는 이론적인 생각의 연장일 뿐이었다. 그러니 오로지 귀로 듣는 교육 외에는 아무것도 없는 시절이었다.

요즘은 귀로 듣는 강의식 교육에다 눈으로 보는 시각적 교육과 실험과 실습으로 연결되는 교육프로그램이 많아 좋은 효과를 거두고 있다. 다양한 방법으로 학생들이 스스로 깨우치고 자기 습관으로 만들기만 하면 되는 세상이다. 그러므로 내가 하고 있는 멘토링 활동 역시 하나의 교육방법이다.

또한 학생들은 학교라는 울타리를 벗어나 도서관이나 인터넷을 통해 책과 자료가 상상을 초월할 만큼 무궁무진하다. 특별히 가공을 하지 않아도 눈으로 보고 행동으로 옮긴다면 누구나 잘 될 수 있는 내용들이 도처에 산재해 있다.

이렇게 사물을 눈으로 보고 책을 통해 자신이 느끼고, 학문적인 지식을 강의를 통해 또한 주변의 지혜로운 사람들로부터 좋은 경험담을 듣고 느끼는 좋은 습관을 기를 수 있는 방법은 무궁무진한데, 학생들이 '좋은 습관'으로 체화시키지를 못해 아쉬운 생각이 든다.

그래서 어떤 교육방법보다 효과적이라고 할 수 있는 온몸을 통한 경험이라는 자산은 정말 값진 것이다. 그 일환으로 참된 봉사가 무엇인가를 가르치기 위해 멘티들을 데리고 뇌병변 환자 돌보기 프로그램을 만들어 봉사활동을 갔다. 그곳에서 간단한 절차를 마치고 활동에 들어간 멘티들은 잠자리에 눕는 일에서부터 일어나는 일, 옷 입는 것, 목욕하는 것, 심지어 밥도 다른 사람이 먹여 줘야 하는 딱한 환자들의 현실을 보고 모두 할 말을 잊었다.

빨래 정리에서부터 옷을 입혀 주기도 하고, 밥을 먹여 주고, 청소도 하고, 휠체어에 태워서 밀고 다니며 다섯 시간 넘게 놀아주기도 했다. 그들과 함께하는 동안 멘티들은 자신의 건강한 몸 하나만으로도 행복하고 선택받은 인간이라는 사실을 깊이 인식하게 되었다. 앞으로 인생을 살아가면서 어떤 어려움이나 불행한 일이 닥친다 해도 그날의 경험을 통한 행동이 좋은 습관이 되어 매사 긍정적으로 받아들인다는 굳은 결심을 하게 만들었다.

보통 우리는 조금 어려운 일이 닥치거나 경제적으로 조금만 궁핍해져도 자기만 불행하다고 생각하고 불평불만을 쏟아낸다. 자신에게 부족한 것이 무엇인지, 경제적으로 궁핍하게 된 원인은 무엇인지는 잊은 채 잘못의 화살을 외부로 돌리는 나쁜 습관 탓이다. 교육학자 정범모 선생이 "교육이란 인간행동의 계획적 변화"라고 정의한 바와 같이 멘티들이 참되고 진정한 봉사활동을 통해 반드시 좋은 습관의 행동 변화가 일어날 것이라는 확신을 하니 나도 기쁘고 행복했다. 다음 봉사활동은 인천대공원 야외 음악당에서 뇌병변 환자들의 공연에 함께 가기로 약속했다.

인연이란 무엇인가?

요즘 성도 이름도 모르는 사람들로부터 매일 날아드는 이메일이 홍수를 이룬다. 스팸메일은 어느 정도 차단할 수 있지만 헷갈리는 것이 한두 번이 아니다. 칠십 대인 나 같은 사람에겐 낯설고 희한한 광고에서부터, 도움을 요청하는 메일 등 그냥 넘겨 버리기에는 마음이 편치 않은 것도 꽤 많다.

몇 해 전 부산에서 잠시 머물고 있는데, 경북여자고등학교 학생으로부터 '자립형 인간' 이라는 주제로 글을 쓰고 있는데 인터뷰를 하고 싶다는 연락이 왔다. 내가 가장 원하고 바라는 것이 인간은 누구나 자기 인생을 살아가는 것이기에 누구에게 의지하거나 종속되어 살아서는 안 된다는 생각이다. 글의 주제가 마음에 들고 자라나는 학생이기에 일생을 스스로 살아갈 수 있는 자립형 인간이 되라는 이야기를 해 주려고 전화번호와 사무실 주소를 알려 주었다. 그리고 8월 18일 만나기로 약속했다.

그런데 약속시간이 지나도 학생은 나타나지 않았다. 이상해서 전화를 해 보려고 휴대폰을 찾았더니 그날 마침 집에 두고 와 휴대폰을 가지러 가려고 엘리베이터 앞에 서 있는데, 엘리베이터 문이 열리자 여학생 10여 명이 우르르 나오는 것이었다.

그 순간 '아, 이 학생이겠구나'라는 생각이 들어 물었더니, 그도 내 홈피 사진을 보고 얼굴을 알았는지 '예' 하고 대답했다. 늦게라도 왔으니 휴대폰을 가지러 가는 번거로움이 없어져 오히려 기분이 좋았는데 그 학생은 얼굴이 사색이었다. 길을 잘 몰라 이 골목 저 골목 찾느라 약속시간을 지키지 못했다는 것이었다.

나는 인터뷰를 요청한 학생 혼자 오는 것으로 알고 있었는데 경북여고 책쓰기 동아리 인솔교사(김소연 선생님)와 회원들이 들이닥친 것이었다. 자기 나름대로 이것저것 알고 싶은 질문지를 가지고 묻기에 성실하게 대답해 주고 고등학교 때 열심히 공부해서 인생의 진로를 확실하게 설정해 나가라고 당부하고 함께 점심을 먹었다.

그러고 나서 그 일을 잊고 지내다 한국장학재단의 멘토링 활동을 하면서 그때 생각이 떠올라, 인터뷰해 간 글은 잘 썼는지 궁금해서 메일을 띄웠다. 며칠이 지나서야 메일과 함께 '2009 경북여고 책쓰기 동아리의 세 번째 이야기'라는《17살의 세상여행》이라는 책이 배달되어 왔다.

책을 받고서도 바쁘게 지내다 어느 날 찬찬히 읽어 보았다. 고등학교 학생들이 이렇게만 성장해 간다면 사춘기 때 세상사에 휘둘리지 않고 밝고 명랑하게 그리고 참하게 성장해 가리라는 확신이 들었다. 그래서 다시 그 학생에게 격려 메일을 띄우고 언제라도 대구에 가면 지도교사와 친구들에게 꼭 밥을 사겠다는 내용을 덧붙여 보냈다.

인연이란 인할 인(因)과 인연 연(緣)이 합쳐진 단어이니 세상을 살아가면서 사람들 사이에 맺어지는 인간관계를 뜻한다. 그래서 불교에서는 길을 걷다 옷깃만 닿아도 큰 인연이라 했다. 하지만 잘못된 인연으로 인생의 앞날이 뒤엉키는 경우도 있다. 지금 10명의 멘티 학생들이 멘토인 나로 인해 좋은 인연이 되어 모두 훌륭한 사람으로 사회에 공헌을 하고 성공한 사람들이 되었으면 한다.

등산에서 배우는 인생

요즘은 주말이나 휴일이 아니라도 형형색색의 옷차림으로 산을 오르는 사람들이 많다. 그렇게 많은 사람들이 산에 오르는 이유는 건강을 위해, 친목을 위해, 그저 산이 좋아서 등 제각각 다르다. 또 산에 오르는 사람들은 보통 능선이나 계곡에 돗자리를 펴놓고 모여앉아 음식을 나눠 먹고 친목을 다지며 휴식을 취하고 하산하는 모습을 많이 보게 된다.

나 역시 특별한 약속이나 일이 없을 때는 혼자 등산을 한다. 간단히 김밥과 물을 준비해서 3~4시간 땀을 흠뻑 흘리며 산길을 걷고 나면 기분이 산뜻해지고 몸이 가뿐해서 숙면을 취하는 데 도움이 되기도 한다. 하지만 나는 아무 생각 없이 산에 오르지 않는다. 등산을 할 때면 산의 어느 지점까지 오른다는 목표를 설정하고 출발지에서부터 발걸음을 세면서 오른다. 설정한 지점을 내 삶의 꿈과 희망이었던 목표와 대비하면 등산에서 인생을 배우는 무한한 슬기를 체득하기 때문이다.

대학생들과 멘토링을 하는 과정에서 매년 1박2일 코스나 최소한 5~6시간 이상 산행을 통한 교육을 해 왔다.

첫째, 처음 가파른 고개를 오르고 난 후 힘들어하는 학생들에게 느낀

점을 말하게 한다. 그리고 자신이 태어나는 과정에 대입시켜 보도록 한다. 한 생명을 태어나게 하기 위한 어머니의 산고를 기억하게 하는 것이다. 자신은 아무런 고통도 모르고 세상에 왔지만 어머니는 출산의 고통이 얼마나 심했을까? 인생을 살다 보면 자신으로 인해 다른 사람이 고통을 받을 수 있다는 것을 배움과 동시에 어머니에 대한 무한한 고마움이 체화되도록 교육하는 것이다.

둘째, 능선을 오르다 보면 어떤 산이라도 오르락내리락하게 마련이다. 처음 고개를 오르고 나면 약간의 평지가 나오는데, 자신이 태어나서 유년시절과 초등학교 시절을 대입시킨다. 그저 부모님의 보호 아래 주는 대로 받아먹기나 하고 갖은 응석을 부려도 부모님들이 다 해결해 주는 편안한 삶이었다. 그러나 대학생이 된 지금은 완전히 다르다. 자기 주도하에 자기 책임으로 자기 삶(인생)을 살아야 한다.

셋째, 첫 고개를 오르고 약간의 평지를 걷는가 싶더니 이내 가파른 언덕길과 바위와 돌길이 기다린다. 숨이 차고 체력은 소진되어 간다. 너무나 힘든 상황이다. 여기에 지금 대학을 마치고 사회에 진출하는 취업의 관문에 빗대 보도록 한다. 취업을 하려면 가파른 고갯길을 넘는 것과 같다. 숨이 차고 힘이 들어도 이 과정을 지나야 정상(꿈) 목표지점에 도달한다. 포기할 수 없는 절대절명의 순간이다. 다시 기운을 차리고 정상을 향해 오른다.

넷째, 팔부 능선을 지나 정상 가까운 곳에 이르렀다. 세상에는 높고 낮은 산들이 수없이 많다. 이곳까지 오르면서 숨이 차고 단숨에 오르지 못해 몇 차례 휴식을 하면서 지나왔다. 인생에서도 수많은 꿈(목표)을 가지고 도전하지만 작은 꿈 하나하나를 모아서 최종의 꿈을 이루듯이 차곡차곡 작은 꿈들을 이루어 나가는 과정과 대비시켜 보면 좋다.

다섯째, 체력은 한계상황, 가파른 고개, 바람은 세차게 불어오고 천신만고 끝에 정상에 올랐다.

- 모두 한 발 한 발 자신의 몫을 다한 결과 이곳 정상에 올라서게 되었다. 그 누구도 대신해 준 사람이 없다. 인생에서 자신의 삶을 대신해 줄 사람은 아무도 없다는 사실을 인식하자.
- 개인의 삶에서도 꿈을 이루어 성공에 이르는 과정에서 주위환경은 절대로 자신에게 편안하게 제공되지 않는다. 힘든 산행과 마찬가지로 꿈을 이루어 가는 과정은 땀과 눈물의 뒤범벅임을 알자.
- 정상에 오르면 동서남북 어느 곳이든 다 보인다. 우리가 걸어온 능선과 계곡 반대편 능선과 계곡도 보인다. 이처럼 인생에서도 톱의 위치에 오르면 다른 사람들이 잘 모르는 수많은 정보들을 접하게 되는 것이다. 산 아래에서 모든 것을 다 아는 것처럼 떠들어 봐도 이곳 정상에 서지 않고서는 산 넘어 능선이고 계곡이고 무엇이 있는지 알 수가 없는 것같이.
- 정상에 가까울수록 더 힘들고 어렵다는 사실을 알았을 것이다. 한계체력에다 가파른 길, 급격한 체온 상승 등 출발지에서 생각지도 못한 어려운 과정을 지나 여기에 올랐다. 이 자리가 곧 성공(정상)이다. 삶에서도 마찬가지로 설정한 꿈에 가까이 다다를수록 난관이 따르고 힘들게 된다.
- 정상에 오르는 길은 여러 갈래가 있음을 알 수 있다. 둘레길을 돌아서 오르는 길, 계곡을 따라 오르는 길, 오르막과 가파른 지름길로

오르는 길, 능선을 타고 오르는 길 등 인생에서 꿈을 향해 가는 방법도 이같이 다양한 방법이 있을 수 있다. 자기에게 가장 알맞은 길을 선택하는 지혜가 필요하다.

- 꿈을 이루어 성공한 사람들은 자기관리를 철저히 한 사람들이다. 이 정상의 자리에 오른 자신이 평소 체력관리를 소홀히 했다면 어떻게 여기까지 오를 수 있었겠는가? 약간의 평지가 있긴 했지만 계곡을 지나 능선을 따라 오는 길이 얼마나 험난하고 힘들었는가? 삶에서도 성공을 향한 지식과 지혜를 꾸준히 쌓아야 한다.

- 무엇보다 함께한 동료가 있었기에 중도에 포기하지 않고 정상에 서게 된 것을 명심하자. 세상에는 나 혼자 무엇을 이루어 가기는 정말 힘들다. 함께하는 협동자, 도움을 주는 조력자나 협조자의 힘을 받지 않고 나 혼자 무엇을 이룬다는 것은 어려운 일이다. 공동체 속의 자아를 발견한 유익한 경험이 되었을 것이라 믿는다.

- 산을 오르는 동안 앞서거니 뒤서거니 하면서 모두 정상까지 올랐다. 사회에서도 후배가 선배를 추월하는 현상이 발생한다. 조직에서 순위에 밀린다고 실망하지 마라. 기회를 기다리며 역량을 키우고 끝까지 도전하는 자세를 취하자.

등산은 삶(인생)과 비교할 때 여기에 나열한 것보다 훨씬 더 많은 교훈을 얻을 수 있기에 멘토링 프로그램 중 매우 중요한 과정이다.

언제나 고맙고 감사합니다

국가나 사회 또는 남을 위하여 자신을 돌보지 아니하고 힘을 바쳐 애쓰는 것이 봉사다. 진정한 봉사는 자신이 가진 것을 단순히 무상으로 나누어 주는 것이 아니고 상대방의 마음을 읽고 상대방의 생각에 따라 자신의 역량 내에서 베풀며 함께하는 자세라고 생각한다.

상대방이 하는 일을 직접 체험함으로써 세상의 모든 것은 위대하고 쓸모없는 것은 존재하지 않는다는 사실을 인식함으로써, 그 일의 결과가 다른 사람에게 미치는 것을 알게 되고 상대를 존중하고 역지사지의 마음을 갖게 된다. 봉사의 참뜻을 헤아려 정확하게 인식하면 재화의 가치를 알게 되고, 직업의 귀천을 떠나 자신의 역량을 키워 일에 대한 고마움과 감사함을 느끼게 될 수도 있다.

일상생활에서 항상 고맙다, 감사하다는 마음을 가지면 모든 게 즐겁고 기쁨을 느끼게 되며 매 순간 행복을 느낄 수 있다. 또한 다른 사람의 마음을 얻는 제일의 덕목은 봉사에서 시작된다. 사람은 누구나 다른 사람의 협력이나 협조를 받지 않고서는 자신이 원하는 바를 이룰 수가 없는 것이다.

나는 성공한 삶을 위해 항상 자세를 낮추고 다른 사람의 마음을 얻기 위해 봉사하는 습관을 길러왔다. 이것 역시 최소한의 나 자신에 대한 희생이 따라야만 가능한 것이기에 봉사라는 단어를 가볍게 얘기할 수 없는 것이다. 기업 현장에서 자신의 희생(봉사) 없이는 성공하기가 너무 어렵고 힘들다는 사실을 젊은이들이 알았으면 좋겠다.

외국 어느 선각자의 명언을 소개하겠다.

1) 이 세상에서 가장 현명한 사람은 누구일까?

이 대답은 모든 사람에게 배우는 사람이다. 모든 사람에게 배운다는 것은 신분이나 지위의 높고 낮음, 연령, 학식, 재산의 많고 적음을 불문하고 누구로부터든 배워야 한다는 뜻이다. 또 직접 배우거나 간접적으로 책이나 언론매체, 인터넷 등 모든 수단을 뜻한다. 그래서 상대방을 통해 새로운 것을 배우겠다는 자세가 중요하다. 나는 현직에 머물 때 내가 잘 모르는 것은 심지어 비서에게도 스스럼없이 묻곤 했다.

2) 이 세상에서 가장 강한 사람은 누구일까?

이 대답은 자기 자신과 싸워서 이기는 사람이다. 성공을 거두기 위해서는 자신의 희생 없이는 불가능한 것임을 일러주는 말이다. 자기 자신을 이기고 극복해야 한다. 이 역시 광의의 봉사라고 할 수 있다.

3) 이 세상에서 가장 부유한 사람은 누구일까?

이 대답은 자기가 가진 것에 만족하는 사람이다. 자기가 가진 것 이상의 무엇을 갖겠다는 생각이 강하면 탐욕으로 바뀌어 부정한 청탁의 대가나 뇌물 등에 얽혀 추하게 되고 비리의 온상에서 벗어날 수 없게 된다. 성공을 향한 길목에서 우리가 몰라서 하지 못하는 것이 있는가 하면, 알면서도 실행하지 못하고 망설임과 적당히 치부해 버리는 습관이 문제인 것이다.

나는 직장 생활에서 수많은 이해관계와 연관된 일에서 단 한 번도 사익을 위해 원칙을 벗어난 일처리나 행동, 뇌물성 금품을 받지 않았다는 것을 지금도 자랑스럽게 말할 수 있다.

인생이란 모름지기 자기가 하는 일을 통해 자기를 다듬고 만들어 가는 과정이므로 어떤 일을 하든 즐기는 마음으로 일 자체가 곧 자신의 인생임을 인식해야 한다. 또한 일이 곧 직업이요 직업을 통해서 자기를 만들어 가는 것이 자아실현이다.

물론 세상에는 탁월한 사람들이 많다. 능력 있고 잘생기고 집안도 좋고 인성도 좋아 타인으로 하여금 열등감을 느끼게 만드는 사람들이 있다. 요즘 말하는 금수저를 물고 태어난 사람들이다. 그들은 조금은 쉽게 성공이라는 문턱에 다다를 수 있다.

나의 작은 성공은, 흙수저를 물고 세상에 온 나 같은 사람들도 할 수 있는 몫이 있고 그 몫의 삶을 올곧고 정직하게만 살아도 성공을 거둘 수 있다는 반증이라고 생각한다.

인간은 누구나 장점과 재능을 갖고 있다. 남과 비교할 것이 아니라 이미 내가 가진 재능을 온전히 발휘하며 살고 있는가? 자기 돈을 주고 사먹는 밥이라도 한 알의 쌀이 생산되기까지의 과정을 생각하며 감사함을 느끼는 습관을 체질화하는 것이 중요하다. 자기 자신을 태워서 세상을 밝혀 주는 촛불과 같은 희생정신으로 자신을 버리는 자세가 되어야 진정한 봉사가 되는 것이다.

모든 사람은 성공을 갈망한다. 성공을 이루려면 다른 사람의 마음을 얻어야 가능하다. 공동체 속에서 무수히 발생하는 문제점들은 사람이 만들었고 사람이 반드시 풀 수 있다는 자세로 자신을 버리는 희생정신의 바탕에서 사물의 본질을 바라보면 거기에 반드시 답이 있다.

7년간의 멘토링 활동을 돌아보며

7년이라는 시간은 내 나이 칠십을 지났으니 내 인생 전체의 10분의 1이라는 기간이다. 은퇴 이후 7년간 한국장학재단에서 시행하는 차세대리더육성프로그램의 멘토로 지낸 세월이 그렇다.

문자 그대로 무슨 보수나 대가를 바라고 한 것이 아니라 후배 양성을 위한 봉사활동의 일환으로 대학생들에게 내가 살아온 경험과 지혜를 들려주고 그들의 진로와 현실의 벽에서 느끼는 고민을 함께 나누면서 보낸 시간들이다.

상행위에서 물건을 사고 대가를 지급하는 행위를 거래라고 한다. 물건을 사고파는 행위에서부터 사람의 오고가는 친분관계도 일종의 거래라고 할 수 있다. 이렇듯 우리 일상생활에서 주고받는 거래 형태를 띠는 것이 삶(인생)의 대부분이다. 그런데 주기만 하고 받지 않는다면 어떤 현상이 되는 것일까? 그것은 아마도 선물이라는 이름일 것이다. 은혜를 입었거나 감사함을 표현하는 선물은 받는 것을 전제로 하지 않고 일방적으로 주는 것으로 끝이다.

이렇게 아무런 대가를 받지 않고 계속 주는 것으로 보람을 느끼고 행복에 젖는 생활이라면 얼마나 좋은 일인가? 나의 지난 7년 세월은 학생들에게 일방적으로 주는 것으로 보낸 시간이었지만, 내가 선물을 받은 것처럼 기쁘고 즐거웠고 행복했다.

내가 들려준 메시지에 따라 학생들이 변하고 발전하는 모습에서부터 색종이에다 정성스레 써놓은 감사의 글들, 때때로 전해 오는 소식들, 가끔 전화라도 걸면 밝은 목소리로 "멘토님, 사랑합니다" 하고 거침없이 사랑이라는 단어를 입에 달고 사는 그들의 삶(물질이 아닌 정서적·정신적인 것)을 통해서 희열을 느낄 만큼 보람 있고 행복한 일이었다.

그런데 마음이나 정신적으로 아무런 대가 없이 주는 선물 같은 멘토링 활동을 접게 되었다. 2010년 5월부터 시작한 한국장학재단 멘토링 활동이 그동안 매년 3월이면 멘티 선발 심사를 거쳐 4월 첫 주에 코멘트 발대식이 거행되던 전통이 차일피일 뒤로 밀리더니 멘티 선발 심사가 5월까지 늦어지는 우여곡절을 겪다가 멘티 자원 문제로 팀을 만들지 못하고 포기하기로 했다.

2010년 1기로 시작해 2016년 7기까지 중도에 낙오자도 있었고 시행착오도 있었지만 나의 멘티로 끝까지 인연을 맺은 64명의 보물들. 하나하나 생각하면서 뒤돌아보니 그들로 인해 주는 기쁨이 받는 것보다 몇 배 더 크다는 교훈이 가슴 뭉클하게 다가온다.

이제 멘토링 활동을 접고 다시 새로운 목표를 향해 발걸음을 옮겨 가련다.

제3장
진정한 직업인과
직업의식

직업인과 직업의식 ｜ 세상에서 가장 어려운 말은 '예, 아니오' ｜ 약속이행과 신뢰구축
한번 한 약속은 반드시 지킨다 ｜ 고독한 결단 ｜ 약속을 파기한 한 젊은이와의 인연
선택과 집중(매출극대&비용절감) ｜ 길거리의 뻥튀기도 전문기능이 있어야 한다 ｜ 가위
손 이발사의 평생 직업인 ｜ 축령산 자연휴양림에서 깨달은 교훈 ｜ CEO가 되려면 어떻
게 해야 하는가

직업인과 직업의식

우리는 자신의 꿈을 이루기 위해 어디서 무엇을 어떻게 해야 할 것
인지 깊이 고민해 봐야 한다. 각 개인이 일을 하려고 모이는 장소, 조
직, 단체, 즉 일터가 기업(企業)이다. 기업이라는 기(企, 꾀할)를 풀어보면
사람(人)과 사람의 발(足)이 머무는 지(止)와 어우러져 된 글자다. 그러므
로 사람이 머물면서 발돋움을 해 멀리 바라보며 일을 하는 장소다. 또
한 우리는 그곳을 직장이라고 부른다. 그 직장에서 무엇을 하겠다고 선
택해서 하는 자신의 몫, 일이 곧 직업이다.

이러한 이치를 깨달아야 진정한 직업인이 되며, 직업인으로서 갖추
어야 할 덕목이 곧 직업의식이다. 직업의식을 갖지 않으면 일을 할 수
없기 때문에 철저한 직업의식를 체화하는 것이 매우 중요하다.

각각의 직업에 종사하는 사람들에게서 나타나는 특유한 태도나 가치
관, 도덕관 따위를 통틀어 이르는 말이 곧 직업의식이다. 막연히 혹은
단순히 먹고살기 위한 수단으로 직업을 선택했다면 정말로 불행한
일이다. 어떤 직업이든 그것을 통해서 자신이 꿈꾸는 미래와 행복한 자
아를 만들어 나가야 하므로 자기 직업에 대한 가치관과 직업의식이야

말로 더욱 중요하다 하겠다. 직업의식은 내가 경험해 온 바탕에 근거하면 다음과 같이 철저하게 습관화되어야 한다.

첫째, 천직의식(天職意識)으로 어떤 직업을 선택하든 하늘이 자신에게 엄격하게 명령한 타고난 직업이나 직분, 또는 일이라는 생각을 가져야 한다. 태양이 이글대는 삼복더위에 농사일을 하는 농부가 가을의 풍요로움을 생각하면서 하늘의 뜻으로 삼고 자기 일에 전념하는 것과 같이.

둘째, 소명의식(召命意識)이다. 어떤 직업이나 직무에 종사하더라도 사람이 하느님의 일을 하도록 하느님의 부르심을 받은 것과 같은 의식으로 자신의 일에 임해야 한다. 자기가 담당하는 일 그 자체가 자신의 삶(인생)이기에 선택한 이상 그 어떤 이유로도 일을 피할 수는 없다는 자각의식의 습관화가 필요하다.

셋째, 사명의식(使命意識)이다. 국가로부터 명을 받아 국가를 대표하는 사신이나 사절이 담당하는 업무와 같이 어느 조직 어느 장소든 자기에게 주어진 직무나 일의 몫에 대해 사명감을 갖고 묵묵히 수행할 수 있는 의식이 있어야 한다.

넷째, 윤리의식(倫理意識)이다. 사람으로서 마땅히 행하거나 지켜야 할 도리에 어긋남 없이 직무를 수행함에 있어 법률에 저촉되거나 도덕과 관습에 어긋남이 없어야 한다. 정직한 바탕에서 그 어떤 상황에서도 개인의 사사로운 감정을 배제하고 사익을 추구하는 행위는 절대로 용인될 수 없다.

다섯째, 자긍심(自矜心)으로 무장되어야 한다. 자기 스스로 긍지를 가지고 자신이 하는 일이 어떤 일이든 대단한 가치가 있으며 다른 사람에게 좋은 영향을 끼친다는 확신에 찬 마음가짐이 있어야 한다. 빌딩 청소를 하는 청소부가 자기 역할을 하찮은 일이라고 스스로 비하하는 순간 자신은 초라해지고 한없이 서글퍼질 것이다. 그러나 자신이 깨끗이 청소를 함으로써 다른 사람들이 쾌적한 환경에서 즐겁게 일할 수 있도록 기여했다는 자부심과 자기 일에 긍지를 가지는 자세야말로 직업인으로서 중요하다.

마지막으로 책임의식(責任意識)이다. 맡아서 해야 할 임무나 의무, 어떤 일과 관련하여 그 결과에 대하여 의무나 부담, 또는 그 결과로 받는 제재, 위법한 행동을 한 사람에게 법률적 불이익이나 제재를 가하는 민형사상의 책임 등 자신이 행한 일의 모든 결과에 대하여 자기 몫이라고 받아들이는 정신적인 의식작용으로 무장되어야 참 직업인이라 할 수 있다.

이렇게 직업에 대한 의식이 투철한 사람은 어느 조직 어느 단체에서도 환영받을 것이고, 조직이나 단체에서 없어서는 안 되는 '내가 필요한 조직이 아니고, 조직이 나를 필요로 하는 사람'이 되는 것이다.

세상에서 가장 어려운 말은 '예, 아니오'

옛날 초등학교 교과서에서 배운 문장 하나. 세상에서 가장 어려운 말은 무엇일까?

"이 콩깍지는 작년에 깐 콩깍지일까? 안 깐 콩깍지일까?"

글자를 막 익히기 시작한 어린 나이에 이 문장을 읽으려면 발음도 이상하고 무척 어렵다는 생각이 들었다. 그런데 정말 더 어려운 말은 '예, 아니오' 라는 것이었다. 지금은 어느 정도 이해가 가지만 초등학교 시절에는 잘 이해가 되지 않았다.

오랜 직장 생활 경험으로 미루어 보면 보통 상사가 내리는 업무 지시에 부하들은 대부분 "예"라고 대답한다. 업무 내용을 확실히 알기 위해 부하가 질문을 하는 경우는 거의 없다.

나는 신입사원 시절 과장과 부장에게 너무 많이 질문을 해, 머리 아프니까 지시 내리는 대로 그냥 하라는 이야기를 참 많이 들었다. 그래도 나는 꼬치꼬치 따져 묻기 일쑤였다. 지시 받은 업무를 모르는 경우도 있고, 더러 지시 내용이 불분명한 것도 있었다. 왜 해야만 하는가? 어떻게 해야 하는가? 언제까지 해야 되는가? 경제성이 있는 것인가? 다르게 하면 어떤가? 이루 헤아리기 어려울 만큼 질문에 질문을 던졌다. 그러니 머리가 아플 수밖에….

하지만 나는 직장 상사에게만 그렇게 한 것이 아니고 업무의 특수성을 감안해서 법률적 판단이 필요하다는 생각이 들면 외부 전문가에게 유권해석을 받아서 일을 처리하는 습관을 일찍부터 터득했다.

세무에 관한 것은 국세청이나 감사원에 질의해서 유권해석을 받았고, 부동산 건설과 취득에 관해서는 그 당시 내무부에, 일반적인 회계 원칙에 관한 것은 공인회계사와 대한상공회의소 등의 자문을 받았다. 심지어 내 업무와 직접 관련이 없는 상표등록이나 노사관계 업무에 관한 일까지 외부 변리사와 변호사에게 질문하고 자문을 받아서 내용을 확실히 파악한 후 일을 처리했다.

그렇게 일하는 습관이 몸에 배어 회사 사장이 되어서도 확신이 서지 않으면 전문가에게 물어 올바른 길을 찾아 일을 처리함으로써 다른 경영자들보다 비교적 실수를 적게 했고 경영성과가 좋았다는 평가를 받게 되었다고 생각한다.

또한 상사의 업무지시가 부당하거나 사리에 맞지 않을 경우에는 단호히 "아닙니다" 하고 당당하게 말했다. 1986년 초임 이사 시절 아이스크림 영업용 판매 자동차 200대를 구입하려는 계획서를 들고 그룹 회장에게 업무보고를 간 적이 있다. 아이스크림 부문은 10년 넘게 사업을 했지만 적자를 벗어나지 못하고 있는 실정이라 투자 승인을 받는 게 여간 어려운 일이 아니었다. 요리조리 따져 물으면서 자동차 구입은 부당하다는 논리를 펴는 회장에게 조목조목 답변을 하니 나중에는 화가 나서 "자네가 나보다 낫다는 말인가?" 하고 질문을 했다. 세상에, 초임

이사에게 그룹 회장이 던지는 질문치고는 황당하기까지 했다.

나는 단호히 "제가 회장님보다 우수한 사람이라면 왜 월급 받는 자리에 있겠습니까? 제가 회장을 하지요. 하지만 제가 지금 하려는 계획은 확실하게 자신 있는 일이니 승인해 주십시오. 회장님의 '불가' 지시는 따를 수가 없습니다" 하고 '아니오'라는 답변으로 정면 승부를 걸었다. 그리고 반신반의하는 회장의 결정을 뒤로하고 자동차 200대를 한꺼번에 구입하여 롯데아이스크림의 혁신적인 영업으로 성공적인 직장생활을 할 수 있는 바탕을 이루었다.

정확하고 확실하게 알지 못하면 '예! 아니오!' 두 단어를 쓸 수가 없다. 직업인으로서 직장이라는 장소에서 월급을 받는다고 모르면서 어물쩍, 아는 것도 적당하게, 예와 아니오를 분명하게 말할 수 있는 당당한 삶이 아니라면 성공이라는 단어는 멀리 달아날 것이다.

약속이행과 신뢰구축

신뢰는 무슨 일이든 안심하고 의지하면서 잘 될 것이라는 확신을 갖게 되어 삶에 긍정적인 태도가 된다. 자신과 조직과 사회와 국가에 신뢰가 있으면 질서가 바로 잡히고, 질서가 바로 선 사회와 조직에서는 아무리 어렵고 힘든 현상이 있어도 규칙이나 규정 또는 관습에 따라서 자기 역할을 묵묵히 수행하기만 해도 좋은 결과로 귀결된다. 그러한 조직 체계 속에서 일하는 구성원은 자연적으로 긍정적인 마음을 갖게 되는 것이다.

기업이란 사람이 모여 공동의 목적(이윤창출)을 달성하기 위해 함께 일하는 집단인데, 서로 믿지 못하면 아무 일도 할 수가 없다.

나는 40여 년이라는 긴 세월 동안 기업에서 근무했다. 중역의 자리에서 23년을 보냈으니 수많은 사람들을 다뤄 본 경험이 있다. 특히 10년 이상 대표이사직을 맡았으니 운도 따랐다는 생각이 든다. 하지만 내가 직장 생활을 오래할 수 있었던 비결은 무엇보다 40여 년 동안 정직과 신뢰라는 두 단어에 얽매어 지냈다 해도 과언이 아니다.

정직이란 설명할 필요도 없이 꾸밈 없고 어떤 일이든 바르고 올곧게 처리하면 되는 것이지만, 신뢰라는 단어는 자신만의 문제로 끝나는 것이 아니다. 상사 입장에서 부하를 믿는다는 신뢰와 부하로부터 신뢰를 얻어야 된다는 양면성이 있기 때문이다.

경영자 입장에서 근로자들을 믿고 하고자 하는 경영방침을 일관성 있게 일이 순리에 따라 올바른 방향으로 진행될 것이라고 믿는 것이 위로부터 아래로 갖는 신뢰라면, 근로자들로부터 경영자가 처리하는 모든 경영방침은 사리에 맞고 불편부당함 없이 어떤 어려운 일이 발생해도 반드시 좋은 결과에 도달할 것이라는 굳은 믿음으로 따라주는 신뢰가 뒷받침되어야 좋은 업적을 올릴 수 있는 경영자가 될 수 있다. 이렇게 밑으로부터 받는 신뢰는 대단히 중요하지만 기업 경영에서 아주 어려운 일이다.

그래서 신뢰는 얻는 것보다 신뢰를 잃지 않는 것이 더 중요하다. 기업에서 아무리 근로자를 향해 "나를 따르라!" 또는 "나를 믿으라!" 외쳐도 근로자들은 쉽게 경영자를 믿지 않는다. 그들은 부리는 자(지배자)와 부림을 당하는 자(피지배자)의 이분법적 사고가 깊이 깔려 있어 늘 피해의식에 젖어 있다. 그래서 경영자의 말과 행동 하나하나가 근로자들에게 믿음을 줄 수 있어야 한다.

밑으로부터의 신뢰를 얻으려면 무엇보다 거짓이 없어야 하고 약속은 반드시 지켜야 한다. 이행할 수 없는 경영상의 약속은 처음부터 사유를 명확하게 설명하고 하지 말아야 한다. 경영자는 단 한 번이라도 약속을 지키지 않고 근로자로부터 신뢰를 잃어버리면 회복할 방법이 없어진다. 적어도 내 경험으로는 그렇다.

그러므로 경영자는 신뢰를 얻으려고 노력하기보다 신뢰를 잃지 않도록 평소에 솔선수범하는 것이 대단히 중요하다. 근로자의 위치에서도 마찬가지로 신뢰를 잃지 않도록 사소하고 작은 약속이라도 반드시 지키는 습관을 가져야 한다.

한번 한 약속은 반드시 지킨다

고등학교 다닐 때 자취를 하면서 점심도시락을 준비하지 못해 굶는 일이 다반사였다. 어쩌다 친구 집에 가서 하얀 쌀밥을 먹는 광경을 목격하고 나도 언젠가는 하얀 쌀밥을 먹는 날이 오겠지 하면서 두 주먹을 불끈 쥐고 미래의 꿈을 키우기도 했다.

직장 생활을 시작하면서는 저축 1억 원을 목표로 설정하고 눈물겨운 삶을 살았다. 결혼해서 아이들이 하나둘 태어나고 집을 마련하고 난 후 몇 년이 지나도 월급을 모아 1억 원을 만든다는 것은 그림의 떡으로만 여겨졌다. 그러다 1989년 이사로 승진하면서 퇴직금을 받게 되어 단숨에 1억 원이라는 현금을 손에 쥐게 되었다. 직장인으로서 퇴직금은 노후를 생각해서 특단의 관리를 해야 될 것 같아 지금까지 퇴직금으로 받은 돈은 노후안정자산으로 별도 관리해 오고 있다.

당시 억대 정기예금통장을 가슴에 품고 몇 날 밤잠을 설치던 아름다운 추억이 떠오른다. 그런데 요즘 직장인들은 1억 원을 아주 쉽게 말한다. 그래서 나는 사회 초년생들에게 저축 목표를 1억 원으로 정해 놓고 내가 경험한 이야기를 자주 들려주곤 한다.

부산롯데호텔에 근무할 당시 어떤 직원과 점심식사를 하면서 1억이라는 돈이 있으면 무엇을 할 거냐고 물었더니, "사장님! 월급 받아 1억 원을 어떻게 모을 수 있겠어요?" 하면서 내 얼굴을 쳐다보았다. "그래, 1억 원이라는 돈은 월 2백만 원 소득자가 한푼도 쓰지 않고 5년을 저축해야 가능한 금액이지. 그러니 정말 큰돈이야." 그러고 나서 "직장 생활을 5년 이상 해 왔는데 지금까지 얼마나 저축을 했는가?" 하고 또 물었다. 그랬더니 집안을 돕고 야간대학을 다니다 보니 저축을 얼마 못했다는 것이었다.

나는 나이가 들고 결혼해서 아이를 낳게 되면 저축하기가 더 어려워지니 지금부터 저축하는 습관을 기르도록 하라는 조언을 해 주었다. 월급을 받으면 그날 바로 적금을 붓고 돈이 없으면 쓰지 않는 습관을 갖도록 하라고. 심지어 화장품 구입마저 못하게 했다. 그렇게 쓰지 않는 습관이 몸에 배지 않고서는 월급으로 1억 원을 모으기 어렵다는 말을 곁들여서. 그 후 용돈이 모자라는 것을 알고 개인적으로 매월 별도의 용돈을 지원해 주면서 2년간 억척스럽게 저축을 유도했다.

그리고 2년이 흐른 2004년 10월 만기 도래한 정기적금과 그동안 별도의 예금 등을 모두 합하니 5천만 원에 조금 모자라는 금액이었다. 부족한 부분을 내가 충당해서 5천만 원을 만들어 주고 나와 합작으로 투자를 하되 투자 결과 이익이 되지 않고 손해를 보게 되더라도 5년 후에 1억 원을 만들어 주겠다고 약속하고 조그만 상가를 분양받았다.

그렇게 굳은 약속을 한 후 2년이 지나 인사이동에 따라 나는 서울로 오게 되었고, 서울에서 2년 근무를 하고 은퇴를 했다. 같은 직장에서 매일 얼굴을 맞대고 근무해도 믿음이라는 것이 없다면 불가능한 일인데, 아무리 믿고 신뢰하더라도 매일 함께 얼굴을 보면서 느끼는 것과 부산과 서울이라는 지역의 공간이 생긴 상태에서 2년, 또 은퇴한 1년간 옛 직장 상사를 믿는다는 것이 얼마나 불안했을까?

나는 그 직원의 심리상태를 누구보다 잘 헤아려 은퇴 이후 전화로 근황을 묻는 등 자주 연락했다. 그러다 당초 약속한 5년 후인 2009년 10월 31일이 다가왔다.

그때 분양받은 상가는 15년이 흐른 지금도 당초 분양가보다 밑도는 형국이 되었지만, 나는 처음 약속한 대로 모든 손실의 결과는 내 몫으로 하고 그 직원에게 현금 1억 원을 돌려주었다. 나는 약속을 당연히 지킨 것뿐이다. 그러나 그 직원은 내가 경험한 바와 같이 1억 원이라는 저금통장을 안고 밤잠을 설칠 것이라 생각하니 내 마음이 뿌듯했다.

점심식사를 하면서 나눈 작은 대화가 5년이라는 긴 세월이 지난 후 한 직장인에게 저축 1억 원이라는 결실로 이어지게 된 것은, 나의 작은 제안이 그 바탕이 되었다는 사실에 무척 기뻤다. 나의 한마디로 다른 사람의 삶이 달라질 수 있다는 현실을 목격하니, 이런 것이 참 삶이요 나눔이요 배풂이라는 것을 느꼈다.

고독한 결단

기업에서 "상사의 결재를 받았는가?" "재가를 득했는가?"라는 질문을 자주 듣게 된다. 여기서 "결재(決裁)란 결정할 권한이 있는 상관이 부하가 제출한 안건을 검토하여 허가하거나 승인함"을 말한다. 보통 조직에서 어떤 일을 진행하려면 윗사람의 '재가'를 받아야지 하는 말과 같은 맥락이다. 결재와 재가는 진행하고자 하는 안건을 문서로 작성하여 상사의 승인을 받는 경우이고, 문서를 작성하지 않고 구두상으로 보고하고 승인을 받아 일을 처리하는 경우도 상사의 재가를 받았다고 하는 것이 일반적이다.

기업 경영의 목적을 달성하기 위해 작성된 문건에 경영자의 결재가 이루어지고 그 승인의 내용대로 집행되었다면 결과가 아무리 나쁘더라도 문건 작성자와 지휘선상에 있는 관리자에게 책임을 물을 수 없다는 것이 나의 경영철학이다.

나는 직장 생활 40여 년 동안 운이 좋았던지 특별히 상사로부터 "당신이 책임져라!"는 식의 말을 단 한 번도 듣지 않고 마감했다. 신입사원으로서 담당자일 때와 중간 간부로서 지휘선상에 있을 때, 마지막 최고

경영자로서 일할 때 모두 내 이름이 기재된 문서나 결재로 인한 문책을 받지 않았기 때문에 하는 말이다. 사실 직장 생활을 하면서 책임 문제로 다투는 일을 많이 보았기에 나는 참 행복했다는 생각이 든다.

어떤 일을 진행하기 위해 문서를 작성하여 마지막 단계인 결재권자의 결재를 받아 처리한 후 그 일의 결과가 나쁘게 나타나게 되면 문서 기안 담당자에서부터 심지어 지휘선상에 있는 모든 관리자에 이르기까지 문책을 가하는 최고경영자도 많이 목격했다. 결재 또는 재가는 의사결정권자가 스스로 판단하여 승인한 것이고, 승인받은 내용에 따라 일을 처리한 경우, 아무리 좋지 않은 결과를 초래했다 하더라도 그것은 어디까지나 결재 또는 재가를 한 의사결정권자(경영자)의 몫이지 문서 기안 담당자나 지휘선상에 있는 관리자에게 책임을 물어야 할 사안이 아니다. 왜냐하면 기업 경영이란 기업이 추구하는 이윤이라는 목적을 어떻게 달성할 것인가에 대한 수단과 방법을 연구하고 판단하여 그것을 실행으로 추진해 가는, 말하자면 목적을 달성하기까지의 지속적이고 연관된 과정의 행위라고 보기 때문이다.

여기서 행위의 기초가 되는 '목적(이윤추구)'은 경영을 맡은 자가 생각해 내고 조사와 연구를 통해서 그 방법에 대한 가능성을 염두에 두고 결과까지도 예상해야 한다. 그리고 목적이 정해지면 특정 능력을 지닌 여러 사람에게 일을 분담시켜 계획에 따라 목적을 달성하기 위해 노력하고, 이 과정을 감독하는 것이 경영자라고 보면 옳다고 생각한다.

그래서 나는 경영이란 항상 '고독한 결단'이라는 다섯 글자로 요약한다. 왜냐하면 실시간으로 일어나는 복잡다단한 일을 제한된 시간과 한정된 정보에서 기업이 추구하는 이윤에 가장 적합한 방법을 찾아 집행

실행을 해야 하는 것이기 때문에 항상 리스크가 따르기 마련이다.

경영 활동에 들어가기 이전에 무한정의 시간이 주어지든가, 아니면 그 일에 적합하고 완전무결한 정보가 주어진다면 누구라도 올바른 판단을 내릴 수 있을 테지만, 촉박한 시간에 한정된 정보를 가지고 일을 처리해야 하는 일이 비일비재하기 때문에 지금까지 해 온 경험과 지혜로써 짧은 시간에 판단하고 실행하는 경영자는 고독할 수밖에 없다.

약속을 파기한 한 젊은이와의 인연

나는 가까운 위치에서 마주보고 앉은 한 사람으로 인해 마음고생을 많이 한 적이 있다. 고요한 물이 바람에 출렁거려 물결을 이루는 것과 같이 모양도 색깔도 없는 것이 마음이라는데, 눈앞에 앉아 직장을 못 구해 안달하는 한 사람을 바라보면서 왜 그토록 마음이 답답하고 서글펐는지 모르겠다.

사연은 이렇다. 그 사람을 만나게 된 것은 내가 CEO로 일할 때 파견 인력회사로부터 이력서를 받고서다. 대학을 갓 졸업한 생면부지의 사람이 취업을 하겠다고 면접을 보러 왔을 때, 파견인력을 채용하는 회사에 취업하려는 사람이라고 생각하니 찐한 감정이 느껴졌다.

정규대학까지 다닌 사람이 파견회사 직원으로 불안전한 직장 생활을 하는 게 안쓰럽고 가여운 마음에 함께 근무하는 동안 이 사람의 미래를 어떻게 이끌어 주면 성공한 사람의 모델이 될 수 있을까 하고 고민하게 되었다. 그래서 마주앉아 직업에 대한 이야기를 수없이 들려주고 안정된 직업이 어떤 것인지를 일러주었다.

그랬더니 자신과 함께 자취를 하는 룸메이트가 대학원에서 교직이

수를 하고 순위고사 준비를 한다는 이야기를 하기에 도전해 보라고 했다. 교직이나 간호사 등 전문직을 갖는 것이 일생을 살아가는 데 많은 도움이 될 것이기 때문이다. 취업도 제대로 할 수 없는 공부를 했으니 지금부터 다시 시작해 보라는 이야기와 함께 등록금을 마련해 주겠다고 제안했다.

그러던 중 세월이 흘러 파견근로자 계약기간이 만료되었다. 나는 다른 계열회사로 자리를 옮기게 되었고, 그 직원은 대학원 2차 학기를 마치고 3차 학기 등록을 시켰지만 1년간 일본 유학을 가겠다고 했다.

굳이 가겠다는 것을 만류할 수도 없어 묵시적인 동의를 하고 얼마간의 용돈을 주며, 교직의 길을 걷기 위해 꼭 유학을 다녀와야 한다면 어쩔 수 없는 일이지만 나이도 있고 지금 1년이라는 세월은 정말 중요한 시기라는 이야기를 들려주는 것으로 끝낼 수밖에 없었다.

그렇게 유학길에 오른 그는 아르바이트를 하면서 자기 나름대로 무척 고생을 한 모양이었다. 1년간의 유학을 마치고 귀국하여 복학을 미루더니 조그만 회사에 취업을 했다고 연락이 왔다. 대학원에서 교직과목 이수를 해도 순위고사를 치러야 하는데 자신이 없어 복학을 미루게 되었다는 것이다.

그러고 나서 1년이 지나자 그 회사가 도산을 해 실업자가 되었다며 집으로 찾아왔다. 그때 마침 친구가 공익법인을 설립하여 사회에 공헌하고 싶다는 의견을 피력하면서 강력히 도움을 청하기에 그를 비서로 채용해 6개월간 함께 근무했다.

하지만 당초에 설립하기로 한 공익법인 설립이 지지부진해지자 나도 그도 사무실에 우두커니 앉아 하는 일이 없다 보니 답답하기 짝이 없었다. 결국 나는 당초 계획을 접고 지방 생활을 뒤로 한 채 수도권으로 이사를 하게 되었고, 그 역시 다시 실업자 신세가 되었다.

그로부터 아무 소식도 없던 사람이 몇 년 후 느닷없이 결혼 청첩장을 보내왔다. 아내와 함께 결혼식에 다녀왔는데, 그 후 몇 년이란 세월이 흘러도 안부전화 한 통이 없다. 지금 그와의 인연은 완전히 끊기고 단절되었다. 약속을 지키지 않은 젊은이에게 아무런 효과도 없이 1천만 원이 넘는 학비를 지원한 것을 생각하면 내가 믿는 것과 신뢰를 한다는 것이 모두 선(善)이 될 수 없다는 생각에 씁쓸하기만 하다.

선택과 집중 _(매출극대&비용절감)

기업 경영에서 이익을 올리는 방법은 두 가지 길밖에 없다. 하나는 원가절감이라는 내부적 환경이요, 다른 하나는 매출증대라는 외부적 환경인데, 매출을 증대시키는 외부적 환경은 날로 치열해지는 경쟁을 감안하지 않더라도 일정수준에 다다르면 정체되기 마련이다. 그래서 기업 경영자들은 원가절감이라는 내부통제에 심혈을 기울이지 않을 수 없다.

기업 내부 환경의 원가절감이라는 부분을 다시 미시적으로 보면 고정비와 변동비로 나눌 수 있다. 여기서 변동비는 통제가 가능하지만 고정비는 통제가 되지 않는 비용이라고 치부해 버리는 경향을 볼 수 있다. 고정비란 감가상각비, 재산에 부과되는 각종 조세, 건물 임차료 등과 같이 생산이나 판매와 직접 상관 없이 매월 일정 비용이 통상적으로 발생되기 때문에 통제관리가 될 수 없다는 것이다.

변동비는 생산 수량 증감과 판매 증감에 따라 비용이 따르는 재료비나 운송비 등과 같은 것을 말한다. 변동비는 생산 수량의 변동과 판매 증감에 따라서 자동으로 비례하는 것이 있는가 하면, 생산이나 판매와 비례하여 비용이 발생되지 않는 것도 있다. 다시 말해 생산에 투하되는 재료비는 로스가 없다는 조건이면 100% 생산량과 비례한다. 매출원가 역시 상품 단위 판매가격이 같다는 조건이면 100% 판매와 비례하게 되어 있다. 그러나 생산 현장에서는 로스가 발생하기 마련이고 영업현장 역시 치열한 경쟁관계로 인해 판매단가는 시장에서 보장받기 어려워 시시각각 변한다.

그래서 비용 측면에서 가장 비중이 높은 원가절감 대책으로 생산수율을 높이는 부분과 판매단가를 높이는 부분에 CEO는 관심을 집중하게 된다. 내가 기업 경영에서 성공을 거둔 것은 고정비용을 극단적으로 줄임으로써 가능했다는 것을 말하고 싶은 것이다.

일반적으로 규모가 큰 것이 대기업이라는 등식이 되어 너도나도 경쟁적으로 몸집만 키우다 1997년 외환위기를 겪게 되었다. 1997년 외환위기를 고비로 대마불사의 신화가 무너지고 은행이 부도가 나서 사라지는 모습을 보면서 그때부터 회사 몸집을 가볍게 만드는 것이 최선의 전략으로 자리 잡게 되었지만, 지금도 금호그룹이 무리한 M&A로 대우건설을 인수한 지 3년도 되지 않아 수조 원의 손실을 감수하면서 백기 투항식으로 회사를 되파는 일이 벌어졌다.

나는 1997년 9월 롯데삼강 대표이사에 취임하였다. 롯데삼강은 1977년 12월에 창업하여 20년 되던 해에 경영부실로 부도를 맞아 롯데그룹에 편입되었고, 그로부터 20년간 롯데그룹에서 경영을 했지만 적자를 벗어나지 못하고 도산 일보 직전의 부실덩어리 기업이었다. 설립 40년이나 된 기업의 부채비율이 2,800%에 육박하는 등 회생 가망성이 없다는 말들이 많았지만, 구조조정이라는 칼날로 고정비를 과감하게 줄여

극적으로 회생시켰다. 본사 사옥을 정리하고 이익이 되지 않는 부서는 축소조정했다. 공장의 유휴생산설비도 과감하게 매각처분하여 감가상 각비를 줄이고, 심지어 승용차의 처분과 관리직, 영업직 간부사원들의 휴대폰을 모두 회수 매각하는 수준까지 조정을 단행했다. 광고시안을 만드는 일은 외주에 맡기고 화물운송과 창고관리를 모두 용역회사에 의뢰함으로써 고정인력을 축소시켰다.

이렇게 고정비를 극한상황까지 줄인 결과 회사는 기사회생의 길을 걷게 되었고, 차입금을 모두 갚아 무차입 경영의 토대가 되었으며, 부채비율이 80%도 되지 않는 초우량기업으로 재탄생시켰다. 그래서 극단적인 고정비의 통제만으로도 기업 경영을 성공적으로 이끌 수 있다는 사실을 이야기하고 싶은 것이다.

이러한 일련의 전개과정에 필수적이고 일차적으로 연관되는 부분이 조직 구성원이다. 그러므로 직장에 취업한 이상 자신이 어떻게 대처하고 역량을 발휘할 것인가를 경영진의 고민 이상으로 조직 구성원으로서 감내할 역량을 갖춘다면 개인의 성공뿐만 아니라 조직의 발전도 더불어 될 것이다.

길거리의 뻥튀기도
전문기능이 있어야 한다

부산에 잠깐 살 때 수영팔도시장(골목길을 시장으로 만든 전형적인 재래식 시장)에서 밤과 고구마를 사들고 집으로 돌아오는 길목에 뻥튀기를 하는 것이 보였다. 오래전부터 검은콩을 튀기려고 준비해 두었는데 잘됐다 싶어 한걸음에 집으로 달려가 콩을 가지고 다시 뻥튀기 장소로 갔다.

며칠 후면 설날이라 몇 사람이 먼저 와서 기다리고 있기에 나는 어쩔 수 없이 대기자가 되었다. 가게 안에서도 조그만 가마솥에 물엿을 섞어 튀긴 쌀, 콩, 땅콩, 들깨 등으로 강정을 만들려고 아주머니들이 줄을 서서 기다리는 것이 보였다. 한 되박 튀기는 시간이 10여 분 정도여서 내 차례를 계산해 보니 한 시간은 족히 기다려야 했다. 나는 가게 앞 양지바른 곳에 서서 차례를 기다리면서 뻥튀기 아저씨와 이런저런 이야기를 나누게 되었다.

내가 어릴 적 골목길에서 보았던 뻥튀기 기계는 아버지 혼자 감당하기 힘들어 아들을 데리고 다녔다. 아들은 깡통에 토막나무를 담아 풍로에 불을 지피고 아버지는 뻥튀기 기계를 깡통 불 위에 올려놓고 수동으로 계속 돌려야 했다. 지금은 전기모터로 기계가 자동으로 돌아가고 기계 밑에는 LPG 가스불이 활활 타올라 혼자서 별로 힘들이지 않고 뻥튀기만 하면 되었다.

그런데 한 아주머니가 쌀이 제대로 튀겨지지 않았다고 불평을 하고, 또 다른 아주머니는 너무 튀겨져 씹을 맛이 없다고 한다. 또 한 아주머니는 콩이 너무 타버렸다며 불만을 늘어놓고, 가게 안에서 어떤 아주머니는 튀긴 쌀로 강정을 만들려다 무슨 연유인지 싫다며 그냥 가버렸다.

드디어 내 차례가 되어 나는 시장에서 콩을 사 깨끗한 물행주로 하나하나 닦아서 가져왔노라고 했더니, 뻥튀기 아저씨가 고온의 기계에서 기압 차이로 뻥튀기를 하기 때문에 먼지는 모두 없어지니 그렇게 하지 않아도 된다는 설명을 하면서, 사람들이 모두 자기 분야에서는 제일일지 모르나 다른 분야에서는 모르는 게 너무 많다는 이야기를 하는 것이었다.

그리고 나서 뻥튀기도 아무나 할 수 없다면서 쌀을 씻지 않고 그대로 튀기면 위생적이지 않다고 물에 씻어오는 사람이 있는데, 그렇게 하면 쌀이 절대로 튀겨지지 않는다는 것이다. 조금 전 불평을 하고 간 아주머니가 가져온 쌀이 백미와 현미 중간쯤 되는 쌀이라서 백미같이 튀겨지지 않는다는 설명을 곁들였다. 콩도 노인들이 먹기 편하게 튀기면 연한 대신 입에서 씹히는 맛이 덜하고, 당분을 넣는 경우와 넣지 않는 경우 맛의 차이가 엄청나다고 했다.

그래서 자기는 먼저 당분을 넣을 것인가 아닌가를 묻고, 튀기는 크기와 입에 씹히는 정도를 감안해 열을 가하는 시간과 기계 속의 기압을 면밀하게 확인한다는 설명을 하면서, 사업을 하다 실패하고 지금 이 일을 한 지 6년이 지났다고 한다. 그리고 이렇게 불평불만을 들으며 뻥튀기를 해 봤자 한 되박 튀기는데 4,000원을 받아 장소 사용료를 주고 나면 자기 몫은 별로란다. 그래도 설날이 다가오니 오늘처럼 이렇게 종일 일할 수 있어 행복하다고 했다. 오늘같이 일 년 내내 할 일이 있으면 아무 걱정이 없겠단다. 설 전 반짝 일하고 나면 뻥튀기를 할 수 있는 날이 며칠 되지 않는다고 아쉬움을 토로했다.

나는 뻥튀기하는 데 무슨 기능이 있을까 생각했는데, 뻥튀기 아저씨 이야기를 듣고 보니 정말 자신이 경험한 것 외에는 모르는 게 너무 많고 세상에 쉬운 일이 없다는 것을 새삼 느꼈다.

일이 인생이기에 어떻게 쉬운 일이 있을까? 세상의 모든 일은 다 어렵다. 그러니 인생을 고(苦)라고 하지 않던가? 세상에 쉬운 인생이 어디 있을까?

청년실업과 50대 이후 은퇴자의 일자리가 없는 딱한 현실에서 뻥튀기 아저씨의 일을 쉽게 보아 넘길 수가 없었다.

가위손 이발사의 평생 직업인

기상청 일기예보에는 장마가 온다더니 서울권역에는 예년에 비해 비가 별로 내리지 않았다. 그러다보니 연일 후텁지근하면서 불쾌지수가 상당히 높았다.

이사를 와서 이발을 하려고 전화번호부를 뒤져 한 업소를 찾아갔다. 상가건물 1층 중앙에 25m² 정도 될까 말까 한 장소에 의자 셋을 놓고 이발사 혼자서 머리를 깎아 주는 곳이었다.

평일 오후 2시경이라 손님이 없어 썰렁하기에 나는 들어서면서 "이렇게 손님이 없으면 사업이 되십니까? 가게 운영이 참 어려우시겠습니다"라고 먼저 인사를 건넸다. 그랬더니 이발사 아저씨는 머리를 자르면서 이발사로 일생을 살아온 이야기를 들려주었다.

그는 이곳에서 10여 년 전부터 이발을 하고 있는데 이곳 아파트단지가 산자락을 끼고 있어 환경도 좋고 서울의 탁한 공기와 비교되지 않을 만큼 좋다며, 이름만 들어도 다 알 수 있는 누가누가 단골고객이라면서 나더러 무슨 일을 하느냐고 묻는 것이었다. 그래서 40여 년 직장에서 월급쟁이 하다 은퇴했다고 했더니, 자기는 은퇴라는 것을 모르니 참 행복한 직업이라며 자랑을 늘어놓았다. 눈이 멀어 앞이 보이지 않거나 손이 떨려 가위질을 할 수 없는 경우가 아니면 은퇴 없이 70세든 80세든 일을 놓을 필요 없이 평생토록 할 수 있으니 얼마나 행복한 직업이냐는 것이었다.

그러고는 요즘 어린이들과 젊은 학생들이 미장원에서 머리를 깎는 편이라 손님은 많지 않지만 평범한 월급쟁이들보다 못하지 않다면서, 미장원은 기계를 다루기 때문에 미용학원에서 단기간 연수를 마치면 개업할 수 있지만, 이발은 가위로 머리를 다듬는 것이라 제대로 하려면 최소한 5년 정도는 기술을 익혀야 한다고 했다. 그렇게 이발 기술만 익혀도 은퇴를 모르고 평생 일을 할 수 있는데 젊은이들이 힘든 직업이라 기피한다는 이야기를 했다.

어렵게 직장을 구해도 정년을 다 채우지 못하고 일찍 직장에서 밀려나와 실업자로 지내는 것보다 자신은 평생 일을 할 수 있으니 정말 행복하다는 것이다. 직장을 구하지 못하는 청년들이 꼭 양복을 입고 직장이라는 곳만 찾아 헤맬 것이 아니라 자기 적성에 맞는 기술을 익혀 평생토록 걱정 없이 살아갈 수 있는 길이 많을 터인데 왜 백수로 세월을 보내는지 모르겠다는 이야기에 정말 공감이 갔다.

그러면서 택시운전사도 무사고로 모범운전을 해서 개인택시면허를 받으면 거동이 불편해 운전을 못하는 상황이 아니라면 평생토록 은퇴를 모르고 일을 할 수 있다면서, 기술을 제대로 배우면 직장이 아니라도 얼마든지 일할 수 있는 직업이 많다고 덧붙였다.

나는 중소기업기술인재사랑홍보대사 직함으로 전문계 고등학교에 강연을 많이 다녔는데, 앞으로 강연을 할 때마다 꼭 이 이야기를 들려

쥐야겠다 싶어 귀가 번쩍 뜨였다.

직장을 구하지 못해 오늘도 이리저리 방황하는 젊은이들이 자기 적성을 찾아 기능을 익혀 일생을 살아갈 수 있는 훌륭한 직업이 얼마든지 있다는 사실을 널리널리 알려 나가는 일을 더 열심히 해야겠다는 다짐을 했다.

축령산 자연휴양림에서
깨달은 교훈

고등학교 동기 다섯이 부부동반으로 전라남도 장성군에 있는 축령산 자연휴양림으로 여행을 떠났다. 정읍 백양사 입구에서 숙박을 하고 이른 아침 축령산 자연휴양림으로 향했다. 도시의 온갖 공해와 소음으로 찌든 가슴속 묵은 찌꺼기를 몽땅 토해 내면서 대자연의 아름다운 품에 안겨 소나무가 뿜어내는 피톤치드를 원없이 삼키면서 이 나무를 심고 가꾼 사람이 고맙기 그지없었다.

옛날 어르신들이 치산치수(治山治水)는 치국(治國)의 요체라고 했는데, 나무를 심고 가꾼 사람은 그 결실의 기쁨과 행복을 누리지 못하고 세상을 떠났지만 후대 사람들이 행복을 누릴 수 있다는 사실을 오늘 현장을 직접 목격하고 실감이 났다.

오래전 잡지에서 백발이 성성한 할아버지와 어린 손자가 깊은 산속에서 정답게 나무를 심으며 할아버지가 손자에게, 지금 내가 심고 있는 이 나무는 너의 손자를 위한 일이니까 이다음에 너는 네 손자를 데리고 오늘 할아버지가 하는 것처럼 그 손자의 손자를 위해 열심히 나무를 심으라고 일러주는 기사를 읽은 기억이 떠올랐다.

이곳 축령산 자연휴양림도 한 선각자의 땀과 집념의 결과로 이룩된 것이라는 사실을 공적 비문을 읽어 보고 알게 되었다. 우리나라는 일제 36년의 지배와 6·25전쟁을 거치면서 전국의 산은 메마르고 황폐화되어 여름철에는 연례행사처럼 홍수가 나곤 했다.

축령산 자연휴양림을 일군 춘원 임종국(春園 林種國, 1915년 1월 19일~1987년 7월 27일) 공은 황폐일로의 임야를 걱정하던 중 1956년부터 조림에 착수하여 연차적으로 장성군의 북일면, 서삼면, 북하면 등지 임야 수백 헥타르를 매입하고 묘목을 양육하여 본격적으로 대단위 조림을 실시하였는데, 당시 생계도 어렵던 시대에 임업에 투자하는 것은 세인들의 비웃음거리가 되기도 했지만, 공은 매년 수많은 인력을 동원하여 묘목을 식재하고 수목 가꾸기 작업을 계속해 나가는 한편, 효율적 관리를 위해 보호원을 배치하고 임도를 개설하니 예상 밖의 막대한 자금이 소요되어 결국 전답과 주택까지 처분하고도 많은 채무를 지게 되었다고 한다. 설상가상으로 홍수로 묘포장이 유실되는가 하면 가뭄과 태풍으로 큰 피해를 입기도 했는데, 1968년 한발 때는 인부를 구할 수가 없어 온 가족이 물지게를 지고 염천의 비탈길을 수없이 오르내리며 한 그루의 나무라도 더 살리기 위해 혼신의 노력을 기울이니 인근 주민들이 야간에 횃불을 들고 나와 도와주기도 하였다.

이러한 역경들을 수없이 겪었으나 날로 자라는 나무를 보면서 보람과 용기를 얻었으며, 더욱이 조림목이 목재감으로 변해 가자 임업도 경제성이 있음을 인식한 많은 산주들이 잇달아 조림에 착수하였다고 한다. 공은 이들에게 양질의 묘목을 공급하고 기술 지도를 하여 조림 선풍을 전국으로 확산시킴으로써 국토 녹화에 크게 기여하였다.

공이 공들여 가꾸어 놓은 이 산림은 식재율, 관리상태, 경제성 등이 전국 제일로 평가되고 있으며, 한국산림정책의 성공사례로 지목되어 공무원과 학생들에게 견습림으로 활용됨은 물론 호주, 일본, 독일 등지에서 시찰단이 방문하여 격찬을 아끼지 않았다는 것이다.

춘원 임종국 공은 1987년 7월 27일 향년 72세로 타개하였으며 자식처럼 아끼고 사랑하던 나무들은 모두 후대 우리들에게 휴양지를 만들어 기쁨과 행복을 가져다 준 가장 좋은 선물이 되었다. 이렇게 자신이 하는 일, 직업이라는 것이 단순히 자신의 삶만 위하거나 안위를 위한 것이 아니고 다른 사람들에게 무한의 혜택을 베풀게 되고 행복을 안겨 주니 나도 후손들을 위한 지혜를 찾아야겠다.

이렇게 척박한 산자락을 울창한 편백나무숲으로 바꿔 놓은 임종국 선생 같은 선각자가 반세기 이전에 100명, 아니 10명만이라도 있었더라면, 국토의 70%나 되는 산림면적에 세계가 부러워하는 축령산 자연휴양림 같은 곳이 전국에 10곳 또는 100곳이 되었을 것 아닌가? 이렇듯 자신이 하는 일이 다른 사람에게 행복을 안겨 준다는 비전을 가지고 자기 일에 몰입해야 자신의 성공이고 역사의 인물이 되는가 보다.

CEO가 되려면 어떻게 해야 하는가

어느 날 서울 구암중학교 1학년 오〇〇이라는 학생이 미래의 꿈이 CEO가 되는 것이라며 CEO가 되려면 어떻게 해야 하는가라는 질문서를 메일로 보내왔다. 중학교 1학년 학생이 기특하게 CEO라는 꿈을 갖고 자신의 미래를 설계하고 있다는 사실이 반가워서 나름대로 내가 살아온 과정을 소상히 정리해서 답신을 띄웠다.

중학교 1학년 학생이 장래의 꿈이 CEO라니 당찬 꿈이라 우선 CEO라는 뜻을 어떻게 알고 있는지 궁금하기도 해서 다음과 같은 설명을 먼저 붙였다.

CEO는 Chief Executive Officer의 머리글자로 최고경영자 또는 최고경영책임자라는 뜻이며 어느 회사, 단체, 정부 부서의 총체적인 경영을 책임지는, 가장 높은 위치에 있는 경영자를 말한다. 보통 회사를 운영하려면 기업 규모에 따라 생산, 관리, 판매, 기획 등 각 분야별로 많은 임원들이 필요하며 임원들 중 최고의사결정권자로서 주주, 임원(이사회)들이 선출하여 전반적인 회사 운영을 책임져야 하는 사람을 말하는 것이라고 상세히 설명해 주었다.

그리고 CEO가 되려면 경제와 경영에 대한 정보들에 항상 관심을 기울여야 하며, 다방면의 공부를 해야 하고 읽어야 할 경제서적들을 알려주었다. 경제와 경영에 대한 내용을 중학생이 이해하기 쉽게 풀이해 놓은 책은 쉽게 구하기 어려울 것 같으니 대학에 진학하기까지 중학교와 고등학교 교과목을 충실히 공부해야 한다는 당부도 곁들였다.

나는 가정형편이 어려워 초등학교를 졸업하고 1년 농사일을 하다 영어로 된 B.H.C라는 농약을 읽을 줄도 모르고 뜻도 헤아리지 못해 답답한 심정에 어머니를 졸라, 농사를 짓더라도 ABC는 알아야 될 것 같으니 중학교에 보내 달라고 졸라서 중학교 진학의 꿈을 이루었다. 또 중학교를 졸업하고 어머니를 도와 농사를 짓다 어머니가 혈압으로 쓰러지는 상황이 되어 고향을 떠나 마산상업고등학교에 입학하게 되었고, 사실 지금 질문해 온 중학교 1학년 학생 같은 꿈을 중학교 시절에는 갖지도 못했다.

CEO는 꿈만으로 이루어지는 것이 아님을 중학교 1학년 학생에게 설명하기가 참 어려웠다. 사실 CEO는 시대를 앞서 나갈 수 있는 지식과 지혜를 갖추어야 하며, 언제나 솔선수범하는 자세와 조직원들의 마음을 얻을 수 있는 리더십이 있어야 한다. 그리고 변화를 추구하는 역량, 높은 도덕성도 갖추어야 한다. 조직원들과 의사소통능력과 통제력도 있어야 하고, 일에 대한 자신감, 신속한 의사결정, 야망과 지도력 등 백화점식의 나열로도 모자라는 것이 CEO가 갖추어야 할 덕목들이다. 청소년들의 장래 꿈이 CEO라고 해서 단번에 그 자리에 오를 수 있는 것은 결코 아니다.

히말라야 고봉도 한 걸음 한 걸음 올라 정복하듯이 기업의 최고경영자가 되려면 신입사원으로 출발하여 모든 과정을 차곡차곡 단계를 거쳐 마지막에 오르는 위치니까 지금부터 열심히 공부해서 꼭 그 꿈이 이루어지기를 기원한다는 말로 끝맺음을 했다.

이렇게 중학교 1학년 학생의 미래의 꿈이 거창한 CEO인데, 지금의 청년들은 어떤 꿈을 꾸고 어떻게 가꾸고 다듬어 가는지 정말 궁금하다.

제4장
좋은 습관은
성공의 밑거름이다

정직과 충성
쉬우면서도 제일 어려운 것

"세 살 버릇 여든 간다"는 속담은 어릴 적부터 습관으로 길들이지 않으면 좀처럼 바꾸기 어렵다는 뜻이다. 정직을 습관화하려면 다른 사람보다 자기 자신에게 솔직하고 정직해야 한다. 자신과 다른 사람을 속이지 않고 작은 약속이라도 지키며, 자기가 한 말을 부인하거나 변명하지 않는 작은 실천에서부터 정직은 몸에 배어들기 시작하는 것이다.

세상을 살아가면서 부딪치는 모든 문제는 사실을 사실대로 인식하지 못하고 사실대로 처리하지 않음으로써 일어나는 것이다.

논어에 '군자구제기(君子求諸己)'라는 말이 있다. 군자는 모든 잘못을 남을 탓하지 않고 자기 자신에서 찾는다는 뜻이다. 하지만 '소인구제인(小人求諸人)'이라 하여 소인은 모든 잘못을 다른 사람에게서 찾는다.

나는 직장 생활에서 이 정직이라는 단어 하나로 내 인생을 꽃피웠다고 생각한다. 홀어머니 슬하에서 자라며 귀에 딱지가 붙을 만큼 정직하게 살라는 말씀을 듣고 자랐다. 어머니가 내게 주신 선물은 "일을 열심히 잘하면 성공한다. 정직하고 근면 성실하면 어디를 가든 굶지는 않는다"였다.

세상에서 가장 쉬우면서도 제일 어려운 일이 뭘까? 공부? 농사짓는 일? 회사 일? 돈 버는 일? 밥 먹는 일? 우리나라는 1960년대까지 농경사회가 주류였지만 빠른 속도로 산업사회로 바뀌어 지금은 농업에 종사하는 인구 비율이 10%에도 못 미치는 실정이다. 자연의 순리에 따라 흙에 씨앗을 뿌려 곡식을 거두어 먹던 때의 모든 일이란 육체적으로 피로하고 힘들어도 거짓 없는 자연의 이치에 맞추어 적기에 논밭을 갈고 씨앗을 뿌리면 뿌린 대로 결실을 가져왔다. 그래서 농경사회는 부(富)의 원천이 농지였고 근면과 성실, 즉 부지런함이었다. 그러니 육체적으로 피로하고 힘들어도 힘들다는 말을 하지 않았다. 농경사회에서 농사 짓는 것 외에는 다른 선택의 길이 없었기에 더 힘들고 어려워도 부지런히 일을 해야 했던 것이다.

그러나 반세기도 되지 않는 짧은 기간에 산업사회로 바뀌었다. 산업사회는 자본과 사람이 어우러져 대량생산체제로 생산된 상품을 누가 더 많이 시장에 내다 팔 것인가? 즉 창조적인 마케팅이 부(富)의 원천이 된 것이다. 산업 현장에는 땀 흘리며 열심히 일하는 사람들이 대부분이다. 하지만 3D업종이라고 불리는 위험하고(Dangerous), 어렵고(Difficult), 더러운(Dirty) 일을 기피하는 현상이 두드러진 실정이다. 농경사회와는 달리 직업 선택의 폭이 다양하고 넓어진 원인도 있으리라는 생각이 든다. 생산설비나 장비를 다루려면 신체적으로 위험한 경우도 많고, 고도의 기술이 필요하거나 해결하기 어려운 일도 많을 것이며, 지저분하고 오염된 환경에서 작업하는 일도 결코 쉬운 것은 아니지만, 아무리 3D업종이라 해도 그 일을 하기 위해 본래 정해진 룰에 따라 정직하게 처리한다면 위험과 어려움, 더러움을 다소 피할 수 있다고 본다.

그럼 이 세상에서 가장 쉬우면서 가장 어려운 일이란 무엇일까? 나는 '정직하고 올바르게 하는 일'이라고 말하고 싶다. 우리는 살아가면서 무슨 일이든 일을 통해서 자신을 형상화시켜 나가는 삶을 살게 마련이다. 일이란 반드시 자신과 이해관계가 있고 자기 이익을 추구하려고 하면 본래의 룰을 벗어나 부정직하게 된다. 세상의 모든 일은 본래의 룰대로 하면 반드시 좋은 결과를 가져오고 룰대로 하는 것만큼 쉬운 것은 없다.

그러나 본래의 룰을 벗어나면 일이 잘 될 수가 없다. 그래서 본래의 목적대로 일하지 않는 사람을 성공한 사람이라고 할 수 없는 것이다. 특히 어떤 물질에 대한 것보다 행정적(문서)인 제도 측면의 부정직함이 조직에 미치는 영향이 훨씬 더 크기 때문에 직장인은 일을 더욱 세심하고 정직하게 처리하는 습관을 길러야 한다.

세상에서 가장 쉬우면서 제일 어려운 일, 그것은 '정직하고 바르게 하는 일'이다. 이러한 일련의 과정을 자기 몸에 딱 맞게 체화시키는 것이 매우 중요하다. 나는 40여 년의 직장 생활에서 수많은 금전적 유혹에도 흔들림 없이 '정직'이라는 단어를 머리에 이고 가슴에 담고 살아왔기에 비리에 연루되지 않았고, 순탄한 직장 생활을 마감하고 노후를 행복하게 지낼 수 있는 삶(인생)의 바탕이 되었다.

선물과 촌지와 뇌물

며칠 전 나의 마지막 직장이었던 롯데햄의 직원이 청주에서 수확한 옥수수를 택배로 보내왔다. 옥수수를 값으로 따지면 얼마 되지 않지만 소박한 선물에 감동을 받은 것은, 롯데그룹 40여 년 직장 생활 중 롯데햄에서 근무한 기간은 불과 2년밖에 되지 않는 짧은 기간이었는데도 잊지 않고 선물을 보내왔기 때문이다.

그래서 문득 선물(膳物)과 촌지(寸志)와 뇌물(賂物)의 차이점이 무엇일까 하는 생각이 떠올랐다.

우선 세 단어의 공통점은 누군가에게 물건이나 돈 따위를 건네 주는 행위다. 보통 선물이라면 남에게 아무 조건 없이 어떤 물건(돈)을 무상으로 전하는 것이다.

선물과 비슷한 촌지라는 것도 처음에는 어떤 이로부터 은혜를 입었을 때 고마움의 뜻으로 작은 정성을 표시하던 것에서 유래했다. 원래 촌지는 일본식 한자어다.

일제강점기 때 그들에게 굽실거리는 사람이 늘어나고 해방 이후 학교 비리가 심해지면서 학부모와 교사 간에 촌지라는 미명으로 금품이 오가게 되었다. 이때부터 촌지가 부정행위의 대명사로 뇌물과 같은 뜻으로 불리게 되었다.

촌지 규모가 점차 커지고 정치계와 경제계가 서로 짜고 정치자금이라는 이름으로 변질되어 지금은 뇌물의 성격으로 완전히 바뀌어 버렸다. 결국 현재는 고마움을 전하는 의미가 아니라 사사로운 이익을 얻기 위해 권력자에게 주는 정당하지 못한 돈이나 물건을 뜻하는 것으로 인식되고 있다.

이에 반해 '뇌물(賂物)'이란 처음부터 어떤 직위 또는 권한이 있는 사람을 매수하여 사적인 일에 이용하기 위해 건네는 돈이나 물건 따위를 말한다. 그래서 뇌물의 내용은 금품 기타의 재산상의 이익에 한하지 않으며 사람의 수요 또는 욕망을 채우는 데 족한 일체의 이익은 모두 뇌물로 간주된다.

금융 혜택 제공, 지위 제공, 정교(情交) 등이 대표적이다. 일반상식으로 사교적 의례를 넘어 그 시기와 내용상 실질적으로 직무의 대가로 보지 않을 수 없는 것은 뇌물로 간주한다는 판례도 있다.

뇌물은 직무에 관한 수수·요구·약속됨을 요한다. '직무에 관하여'라고 하는 것은 직무행위 또는 직무와 밀접한 관계를 가진 행위라는 뜻이다. 직무의 공정을 의심할 우려가 있으면 처벌할 필요가 있기 때문이다. 그래서 국가는 뇌물을 주고받는 행위를 범죄로 규정하고 엄격하게 다스리는 것이다.

우리 속담에 "낮말은 새가 듣고 밤말은 쥐가 듣는다"는 말이 있다. 이 말을 달리 표현하면 세상엔 비밀이 없다는 이야기다. 《목민심서》제2부 율기(律己) 6조 2. 청심(淸心)에 화뇌지행 수부비밀 중야소행 조이창의(貨賂之行 誰不秘密 中夜所行 朝已昌矣)라는 말이 있다. 이를 풀이하면 "뇌물은 너나 할 것 없이 누구나 비밀스럽게 주고받겠지만, 한밤중에 한 일도 아침이면 모두 밝혀진다"는 뜻이다.

이 세상 누가 뇌물을 주면서 공개된 장소에서 다른 사람의 눈에 띄게 줄 이가 없으며, 아무도 모르게 한밤중에 주고받는다 해도 자고 나면 벌써 알려지고 만다고 했으니 얼마나 무서운 이야기인가?

그러나 지금 이 시간에도 뇌물을 주고받으며 사적인 이익을 도모하려는 사람이 많다는 사실이 안타까울 뿐이다. 정직한 삶을 산다면 뇌물이라는 단어는 존재할 여지가 없다.

선물(膳物)과 촌지(寸志)와 뇌물(賂物), 본래의 뜻을 잘 헤아려 세상의 모든 일을 그 본래 이치에 따라 행하면 만사가 형통할 것이다.

지난날 짧은 기간 함께 근무한 직원으로부터 한 꾸러미 옥수수 선물을 받고 선물의 의미를 되새겨 보면서, 진정한 선물이란 어떤 것이어야 하는가를 깊이 생각하게 되었다.

선택의 연속이 곧 인생(삶)이다

우리는 살아가면서 순간순간 선택을 해야 할 때가 많다. 그래서 올바른 선택과 행동을 하기 위해서는 힘이나 능력을 모두 갖추고 있어야 함은 물론이다. 하지만 천재지변이나 선택을 강요당해 어쩔 수 없는 상황이 벌어질 수도 있는데, 그러한 경우에도 방법을 달리(선택)할 수 있는 길이 있게 마련이다. 그래서 나는 '선택'이라는 두 글자가 곧 자신의 인생(삶)이라고 말하고 싶다.

도덕과 윤리적 측면에서의 선택은 옳은 것인가 틀린 것인가, 선한 것인가 악한 것인가, 더 좋은 것인가 더 나쁜 것인가 등의 선택이나 또는 유보적으로 지나쳐도 당장 눈앞의 자기 이익과는 크게 문제가 되지 않을 수도 있다. 그러나 인생살이의 전부라 해도 과언이 아닌 경제(돈) 문제와 명예가 연관된 일의 선택에서는 여러 대안 중 어느 방향, 어느 것을 선택하느냐에 따라 자신의 인생은 완전히 다른 삶을 살게 되는 것이다.

종신고용, 노사협조, 인재중시 등 일본식 경영의 창시자이며 직원들에게 경영실태를 모두 공개하는 유리창 경영, 사업부제, 주5일 근무제

등을 도입하여 일본인들 사이에서 국민적 영웅으로 추앙받는 인물 마쓰시타 고노스케 회장이 사원들에게 던진 '선택'이라는 단어가 주는 의미가 강렬하다. 그는 신입사원들의 첫 교육시간에 "이 자리에 앉아 있는 여러분은 모두 자신이 우리 마쓰시타전기를 스스로 '선택'해서 입사했다. 그러니 앞으로 여러분이 하는 모든 일도 자기 스스로 알아서 하도록 하라"고 했다.

스스로 할 일을 자기가 선택해서 할 수 있는 능력을 갖추지 못하면 조직에서 도태되어도 마땅하다. 누구를 원망하지 말고 스스로 일을 할 수 있도록 하라는 단호하면서도 무서운 교훈이다.

그리고 마쓰시타 회장은 첫째, 나는 가난한 집에서 태어나 구두닦이, 신문팔이 등을 하면서 세상을 살아가는 데 필요한 경험을 일찍 터득해 부지런히 일해야 살아남을 수 있다는 진리를 깨닫게 되었고, 둘째는 태어났을 때부터 몸이 몹시 허약하여 건강의 소중함을 깨닫고 항상 운동에 힘을 쏟아 90세가 넘어서도 건강하게 지낼 수 있었으며, 셋째로 집안이 가난해서 초등학교도 마치지 못해 모르는 것이 너무 많아 이 세상의 모든 사람을 스승으로 여기고 평생토록 질문하고 배우는 것에 주저함이 없었다. 이 모두가 하늘이 자신에게 주신 크나큰 은혜라고 늘 말했다.

마쓰시타 고노스케 회장은 자신에게 주어진 불행과 시련을 하늘이 내린 은혜라고 생각하고 끊임없는 자기관리와 학습을 통해 일본의 경제영웅으로, 세계적인 경영인으로 추앙을 받게 되었는데 그 밑바탕은 모두 긍정적인 방향의 선택이었다는 것이다.

선택! 누구에게도 강요당하지 않고 자신이 여러 대안 중에 스스로 고르는 길! 왜 환경을 탓하고 남을 원망하면서 자신의 영혼마저 잃어버린 채 삶을 살아야 하는가. 선택의 결과가 자신의 인생(삶)이니 삶의 순간순간 어떤 상황에 처하더라도 자기 인생이 걸린 문제이므로 사실에 근거한 정직한 바탕에서 올바른 판단을 내려 현명한 선택을 하는 습관이야말로 인생에서 중요하고도 중요한 것이다.

말을 가려서 하는 습관을 기르자

우리는 매일 수없이 많은 사람들과 만나고 헤어지면서 언어라는 수단으로 자기 의견과 상대의 뜻을 서로 교감하면서 살아가고 있다. 그리고 숱한 말잔치 속에서 때로는 거짓말을 해야 할 경우가 있다. 그런 거짓말은 해도 문제가 되지 않는다는 것이다.

상대가 어떤 물건을 설혹 값을 비싸게 주었거나 품질이 떨어지는 것을 구입했더라도 "잘 샀어. 가격도 적당하고 품질도 그만하면 괜찮아!" 한다든가, 신부가 조금 못생겼더라도 "신부 참 예쁘다. 어디서 저렇게 예쁜 신부를 만났어?" 혹은 "네 남편 정말 멋쟁이다. 훤칠한 키에 깔끔한 매너가 일품이야!" 하는 건 용인을 해야 된다는 것이다.

이와 같이 상대를 기분 좋게 만드는 말이 여러 가지 있다.

- 항상 날 기억하고 사랑해 줘서 고마워요.
- 모든 게 잘 될 거예요. 너무 걱정하지 마세요. 세상사 다 그렇죠 뭐.
- 힘들고 어려울 때 말씀하세요. 제 역량을 다해서 도울게요.
- 사랑해요. 고마워요. 감사해요. 참 잘했어요.

- 당신을 믿어요. 힘내세요. 반드시 좋은 결과가 있을 거예요.
- 이해하세요. 아마도 그 사람들이 몰라서 그럴 거예요.
- 정말 적정한 값에 좋은 물건을 잘 구입했군요.

상대를 배려하고 기분 좋게 만드는 말을 골라서 하려면 평소에 많은 노력과 훈련을 해야 함은 물론이다.

인류 발전의 원동력은 뭐니 뭐니 해도 서로 의사 소통이 가능한 문자(文)와 또 다른 하나의 언어(言)라는 수단일 것이다.

하지만 말은 경우에 따라 갈등과 분쟁의 원인이 되기도 하기 때문에 잘 정제된 언어를 구사하면 성공의 지름길이 될 수도 있다. 사람은 태어나서 죽을 때까지 계속 말을 하는데, 어느 학자의 연구에 따르면 한 사람이 평생 5백만 마디 말을 한다고 한다. 이렇게 말의 홍수 속에서 일생을 살아가면서 잘 정제된 말을 사용하면 분쟁과 갈등을 줄여 성공한 삶이 되지 않을까?

평소에 정제된 언어 구사를 습관화하면 말의 기술을 터득할 수 있다. 그 전제로 자극과 반응의 속도, 즉 간격을 넓혀 가는 습관을 익혀야 한다. 외부로부터 언어나 행동의 자극을 받았을 때 표피적이고 즉흥적으로 반응하지 말고 머릿속으로 생각을 다듬고 정리한 후 반응을 하는 습관을 기르면 좋은 결과가 될 것이다.

말은 문자와 달리 입으로 토해 내는 즉시 사라진다. 하지만 문자는 기록으로 남아 직접 이해당사자가 아닌 다른 사람들에게 읽히기도 하고 영향을 미치게 된다. 말은 토해 내는 즉시 상대방에게 전달되어 시시비비의 대상이 되기 십상이다. 그리고 갈등과 분쟁의 원인이 될 수도 있다. 원석을 갈고 다듬어 보석을 만들 듯 말을 갈고 닦아 보석처럼 빛나는 언어구사의 역량을 키우면 얼마나 좋을까?

어쩌면 말만 가려서 잘하는 것으로도 성공의 초석이 될지도 모르는 일이다. 이것 역시 여러 사람을 만나서 나누는 일상의 대화에서부터 조직에서 회의나 토론 등 자기 직무와 관련된 부분에까지 반드시 사실에 기초한 정직에서 시작해 다듬고 가꾸어 습관이 되어야 함은 두말할 나위 없다.

말로써 권위와 예의를 지키는
선진국 사회

나는 정치(政治)는 고사하고 정치의 정(政)자도 잘 모르는 문외한이고 정치에는 관심도 없는 사람이다. 그러니 국회의사당이라는 입법부의 기능, 국회의사당에서 행해야 하는 예의, 국회의원의 권위가 어떤 것인지 잘 모른다.

2009년 9월 9일. 바로 그날 태평양 건너 미국 국회의사당 본회의장에서 오바마 대통령이 값비싼 민간 건강보험에 가입하지 못한 많은 미국 국민에게 건강보험 혜택을 받게 하려는 건강보험개혁안을 설명하는 중에 한 의원이 "당신 거짓말이야(You lie!)" 하고 대통령을 향해 손가락질을 하며 고함을 질렀고, 그 의원에 대해 제재를 가했다는 기사가 실렸다.

나는 미국의 건강보험개혁안의 줄거리가 무엇인지도 잘 모르고 알아야 할 필요도 관심도 없다. 다만 의사당 본회의장에서 대통령이 연설하는 중에 공화당 출신 의원이 대통령을 향해 손가락질하며 고함을 지르자 의석에 앉아 있던 상·하원 의원 500여 명이 그 의원을 일제히 비난하며 사과를 요구했고, "나의 발언은 부적절했고 후회스럽다"는 공개 사과 성명을 낸 기사가 마음에 와 닿았다.

대통령 연설 중에 손가락질과 야유 한마디로 정치생명이 위태롭다거나 끝장이라는 이야기에 정말 우리와는 달라도 너무 다른 세상이구나 하는 생각이 들었다. 왜냐하면 우리의 의사당 풍경은 농성과 몸싸움은 기본이고 온갖 욕설과 삿대질은 다반사이니까. 그러니 예의나 권위라는 단어 자체가 어색할 뿐이다.

　대통령이 의회 연설을 하는 도중 모욕하는 행위는 결국 입법부의 품위를 떨어뜨리고 같은 헌법기관인 의원들 스스로가 국민으로부터 손가락질을 받게 되는 것이라서 권위가 손상된다는 것이 미국 사회인 것이다. 또한 의회에서 대통령의 연설을 듣기로 해 놓고 대통령의 권위를 인정하지 않고 고함을 치고 손가락질을 한 행위는 예의에도 어긋나고 잘못됐다는 것이다.

　한 걸음 더 나아가 미 하원 의사(議事) 운영위원회는 "대통령은 거짓말쟁이다"라는 발언을 하지 못하게 의원 행동지침에 새로운 항목으로 추가시켰다니 법치국가답고 선진국민의 참 모습을 보는 것 같아 부러웠다. 우리는 언제쯤 저런 모습을 볼 수 있을지 아득하기만 하다.

　예의란 존경의 뜻을 표하기 위하여 예로써 나타내는 말투나 몸가짐 또는 사람이 지켜야 할 예절과 의리다. 손님으로 방문을 해도 손님으로서 지켜야 할 예의가 있고, 손님을 맞이하는 입장에서도 반드시 예의가 있어야 한다. 헌법기관인 국회가 대통령이라는 손님을 맞이해 연설을 듣기로 해 놓고 소란을 피운 것은 분명 예의에 어긋난 행동임에 틀림없다.

　권위는 남을 지휘하거나 통솔하여 따르게 하는 힘 또는 일정한 분야에서 사회적으로 인정받고 영향력을 끼칠 수 있는 위신, 또는 그런 사람이라고 사전에 풀이되어 있다.

권위가 있다 없다거나, 권위가 서다, 대통령의 권위가 말이 아니다 등 권위라는 말은 하등 나쁠 게 없다. 국민으로부터 직접 선출된 미국 상·하의원 헌법기관으로서 의원 개개인은 말할 것도 없고 대통령은 그 자체만으로도 엄청난 권위가 존중되어야 하고 예의를 갖추어야만 마땅하다. 대통령이 아니라도 일반 국민도 사람과 사람 간의 만남에서 마땅히 지켜야 할 예의가 있다.

우리나라 국회의사당에서 이런 일이 일어났다면 과연 어떻게 될까? 권위를 존중하고 예의라는 뜻을 올바르게 해석하여 엄격한 잣대로 재단하는 미국이라는 사회를 참 부럽게 생각하는 사람이 비단 나뿐일까?

동방예의지국이란 우리나라가 과연 일반 시민사회는 물론 입법기관이나 행정기관, 사법기관을 총망라해서 이러한 권위와 예의를 지키는 곳이 과연 얼마나 될까 생각해 보니 그저 씁쓸하기만 하다. 앞으로 우리나라를 이끌어 나갈 젊은 세대들이 새로운 사회, 변화된 선진사회로 바꿔 나가려면 좋은 말 가려서 하고 권위와 예의만이라도 올바르게 인식해서 동방예의지국 대한민국을 만들어 주었으면 하는 기대를 가져본다.

소신이 분명하고 강한 조직의
구성원이 되라

주변 사람들로부터 "성공적인 마케팅을 구사하려면 어떻게 해야 하느냐?"라는 질문을 자주 받았다. 나는 경영학을 공부한 사람도 아니고 이런 것이 마케팅이다라고 정의를 내릴 만한 능력도 없다. 하지만 경영 현장에서 비교적 성공한 CEO로 인정받았던 것은 성공적인 마케팅을 구사했기 때문이다.

영어 Market에 ing가 붙은 것이 마케팅이다. 이 Market은 시장(市場)이고 ing는 움직인다(動)는 뜻이니 Marketing이란 '움직이는 시장'인 것이다. 그렇다면 움직이지 않는 특성을 가진 시장을 움직이게 하면 마케팅이 되는 것이다. 그러니까 작동이 되지 않는 시장을 지속적이고 반복적으로 움직이게 만드는 것이 마케팅의 요체다.

마케팅이란 제품을 소비자에게 원활하게 전달하기 위하여 기획, 조사, 선전, 판매 촉진 등의 행위가 있는데, 만들어진 완성품뿐만 아니라 새로 만들 상품을 사전에 소비자의 기호에 맞춰 어떻게 상품화할지 계획하는 것까지 포함되는 광의의 뜻이 있다.

일반적으로 협의의 마케팅으로 만들어진 상품을 시장에 내다팔기 위한 방편으로 움직이지 않는 시장을 움직이게 하기 위한 수단으로는 장소나 시간에 구애받지 않고 대중이 모인 공간에서 상품을 선전하거나 판매를 촉진하는 소위 게릴라식 마케팅(흔히 지하철, 고속버스 승차장 등의 판매행위), 특정한 상류층이나 부유층을 상대로 상품을 판매하는 귀족 마케팅, 회사명이나 상표명을 알리지 않은 채 상품을 선전하거나 판매를 촉진하는 블라인드 마케팅 등 여러 형태가 있다. 하지만 대다수의 기업은 특정한 주문생산이 아니라 불특정 소비자를 대상으로 하는 상품이기 때문에 간단히 시장에 진입시켰다고 해서 팔리지 않기에 고민이 따른다.

보통 마케팅을 논할 때 사람들은 1등 아니면 안 된다고 한다. 올림픽에서도 금메달과 은메달, 동메달의 차이는 엄청나다. 하지만 아무리 금메달이 중요하다 해도 은메달과 동메달도 가치가 있다. 은메달과 동메달이 있기에 금메달이 더욱 빛나는 것이다. 마찬가지로 마케팅에서도 2등과 3등의 존재가치도 분명히 있다.

그러나 내가 기업 현장에서 경험한 바로는 마케팅은 1등 제품 아니면 살아남기 어렵다, 그러니 반드시 1등 제품을 만들어라, 그것이 지상명제라고 주문하는 것이 보편적이다.

나는 마케팅에서 1등이든 3등이든 가장 먼저 소신이 강해야 된다고 본다. 원래 소신이란 굳게 믿고 있는 바 또는 생각하는 바인데, 자신에 대한 강한 믿음이 없다면 아무것도 이룰 수 없다. 소신이 강하다는 뜻은 매사에 긍정적이고 자신감이 있다는 표현이다. 자신이 가진 재능과 자신이 소중한 존재임을 믿는 데서부터 소신은 시작되는 것이다.

스스로 생각하고 명료하게 표현하고 무엇이 옳고 무엇이 옳지 않다는 것을 분명하게 판단할 수 있는 역량을 키우고 주변으로부터 존중받아 마땅한 존재가 되어야 소신이 강해지는 것이다.

소신이 강한 사람으로 각인되려면 무엇보다 먼저 능력을 갖추는 것이 필수적이다. 마케팅 분야뿐만 아니고 어떤 분야든 자신이 행한 일의 결과에 구애받지 말고 실상을 정확하게 파악한 후 강한 믿음을 갖고 지속적으로 도전하는 자세가 필요하다.

무엇보다 마케팅이란 뜻을 이해하고 정직함이 뒷받침되면 특단의 마케팅 기법을 동원하지 않아도 성공적인 마케팅을 구사할 수 있다. 그 바탕은 평소 담당 직무에 지혜와 역량을 두루 갖추어 올바른 판단을 내릴 수 있는 습관이 뒷받침되는 강한 소신이 출발점이다.

나(I)와 우리(WE)의 차이점

아파트에는 문패를 달지 않기 때문에 누구의 집인지 알 수 없지만, 단독주택에는 대부분 문패가 달려 있고 반드시 주소와 소유주의 이름이 적혀 있다. 아파트건 단독주택이건 문패가 없다고 주인이 없는 것이 아니고 법률적으로는 등기부등본에 등재된 사람의 소유임이 틀림없다.

그런데 그 집에 거주하는 가족구성원들은 등기부등본에 기재된 소유주가 아닌데도 모두 '우리 집'이라는 표현을 쓴다. 아버지 집이라든지 어머니 집이라든지 등기부등본에 기재된 명의자의 집이라고 하지 않고 그저 우리 집이라고 한다. 또한 등기부등본상에 기재된 소유주도 내 아파트, 내 집이라고 부르지 않고 역시 우리 집이라고 한다.

여기서 나(I)와 우리(we)는 엄청난 차이가 있다. 나(I)는 일인칭 대명사로서 자신을 지칭하는 말이니 자기 자신 단 한 사람을 일컫는다. 우리(we)는 말하는 이가 자기와 듣는 이, 또는 자기와 듣는 이를 포함한 여러 사람을 가리키는 일인칭 대명사이므로 최소한 두 명 이상의 무리 개념이다.

주어가 나로 시작해서 모든 것을 자기중심적인 사고에 맞추다 보면

이기주의에 흐르기 쉽다. 이기주의는 차이(差異)와 차별(差別)을 이해하기 힘들다.

차이란 서로 같지 아니하고 다름을 일컫는 데 반해, 차별이란 둘 이상의 대상을 각각 등급이나 수준의 차이를 두어 구별함을 뜻한다. 즉 나이, 신분, 학력, 성별, 장애, 인종, 출신지역, 종교, 국적, 이념 등 인간이 갖는 모든 분야의 다름을 망라한다. 나를 앞세우다 보면 이기주의에 흐르게 되고 차이와 차별을 이해하지 못하게 된다.

하지만 우리를 앞세워 집단성을 띠는 우리 중심적 사고를 갖게 되면 이타주의가 되어 함께 공존공영의 자세가 된다. 즉 차이(差異)에 따른 다름을 서로 인정하게 되고 하나의 개성으로 받아들이게 된다. 그럼으로써 서로가 이해와 협력의 구축으로 신뢰가 쌓여 공동체 의식의 발로로 공존공영의 길로 나아가게 된다.

나(I)의 조국이 우리(we)의 조국, 나(I)의 집이 우리(we) 집, 나(I)의 어머니가 우리(we) 엄마, 모르긴 해도 우리 민족만큼 '우리'라는 집단성 단어를 쓰는 민족도 많지 않으리라는 생각이다.

심지어 자기 부인을 나(I)의 부인이라 하지 않고 우리(we) 마누라라고 하는데도 어색하게 들리지 않는다.

훌륭한 정치지도자들은 연설을 할 때 나(I)보다 우리(we)라는 단어를 많이 사용한다. 반대로 독재권력을 휘두르는 정치지도자는 항상 I(나)로부터 시작한다고 한다. 나(I)를 따르라! 여러분이 나(I)를 믿고 도와주고 따라와야 일이 된다고 한다.

나는 경영 현장에서 항상 내가 무엇을 어떻게 한다는 것을 앞세우지 않았다. 롯데제과(주) 영업본부장일 때 대리점 운영자들의 호칭을 대리점주 또는 대리점 사장님이라고 했지만, 나는 '경영자' 여러분이라고 불렀더니 흐뭇해하던 모습이 지금도 눈에 선하다. '경영자'라는 동질성으로 인해 수평적 사고가 몸에 스며들고 회사와 대리점의 관계가 '갑'과 '을'의 관계를 벗어나 동반자의 입장으로 바뀌니 요즘 시쳇말로 '갑질'이라고는 생각조차 하지 못했다.

자기 부인을 우리 마누라라고 하듯 나(I)가 아닌 우리(we)라는 주어를 많이 사용하는 습관을 기르는 것도 좋을 것이라는 생각을 해 본다.

중소기업기술인재사랑홍보대사가 되다

우리나라 기업은 중소기업이 98%를 상회하고 대기업은 2%도 채 안되는 구조다. 고용 역시 중소기업에 근무하는 근로자가 절대다수인 88%를 웃돌고 대기업 근로자는 12% 정도에 머물고 있다.

나 역시 사회 첫발을 들여놓았던 1968년 롯데제과주식회사는 당시 자본금 3천만 원에 연매출 몇억 원밖에 되지 않는 중소기업이었다. 그러나 1973년 정부의 강력한 기업공개정책에 따라 타의에 의해 기업을 공개한 후 날로 사세가 번창하여 롯데그룹의 모기업이 되었다. 롯데제과주식회사를 모태로 기업 인수합병과 창업 등으로 지금은 우리나라 5대 재벌에 속하는 '롯데그룹'이라는 대기업으로 발돋움하게 된 것이다.

그러한 롯데그룹에서 마산상업고등학교 졸업이라는 간판 하나로 나는 40여 년 직장 생활 중 23년을 경영자로 일하였으니, 나의 능력을 뛰어넘어 행운 중의 행운이었는지 모르겠다.

나의 보잘것없는 학력에다 지연과 혈연의 벽을 뛰어넘어 우리나라 5대 재벌그룹 계열회사 사장에까지 올랐으니 일반인의 눈에는 분명 '성공'한 것으로 비쳤을 것이다. 그리하여 제1회 중소기업기술인재사랑(주최 : 교육과학기술부, 노동부, 중소기업청) 행사에 초청받아 중소기업청장으로부터 '중소기업기술인재사랑홍보대사' 위촉장을 받았다.

우리나라는 전문계 고등학교와 2년제 전문대학 졸업생 90% 가까이가 대학 진학으로 인해 취업률이 날로 줄어들어 10%를 밑도는 실정이다. 그래서 중소기업은 기술인재를 구하기가 어렵고 기술인을 양성해 놓으면 이직을 하는 구조적인 문제가 있다.

60년대 초에는 상업고등학교든 공업고등학교든 졸업하면 당연히 취업을 하는 것이 보편적이었고 가정형편이 좋은 몇몇이 대학에 진학하는 정도였다. 하지만 지금은 상고, 기계공고, 농고 등 모든 전문계 고교와 심지어 2년제 전문대학을 졸업한 후 모두 4년제 대학 진학을 하고 있다. 그러다보니 전문기술 인력을 찾기가 어려워 중소기업 CEO들마다 이구동성으로 기업 경영에 애로를 느낀다고 한다.

한편에서는 대학을 졸업한 인력이 넘쳐나 취업이 힘든 현실이 되었다. 그러한 결과로 대학을 마친 젊은이들이 꿈을 잃고 일할 의사도 없이 의욕이 상실되고 학생도 아니요 직장인도 아니면서 구직활동마저도 포기하고 직업훈련도 마다하는, 이른바 니트족이 200만 명을 넘는 수준이다. 우리나라 전체인구의 100명 중 2~3명이 방황하고 있다는 뜻이다. 이렇게 이율배반적인 교육열과 사회구조가 오늘의 현실이라는 사실이 놀랍기만 하다. 날로 증가하는 청년실업 문제. 너나없이 대학을 보내야 한다는 부모들의 교육 열기로 지구상에서 교육열이 으뜸인 국가. 너도나도 모두 대학 앞으로다.

개인의 적성과 능력에 따라 대학 졸업이라는 간판을 갖기 위한 교육이 아닌 전문계통의 교육만으로 기술과 소양을 습득하고 직장인으로서 성공된 삶을 살아갈 수 있도록 맞춤교육을 통해 직업을 선택할 수 있도록 방향을 잡아 주는 일이 쉽지만은 않을 것이다. 하지만 가정에서부터 부모들이 자녀들에 대한 기대보다 관심과 관찰을 통하여 적성을 찾아서 그에 맞는 교육을 시켜야 하지 않을까.

또한 중소기업은 기술인재를 채용하여 기업의 바탕을 다지고 기술력으로 승부하는 강한 기업으로 만들어, 롯데제과가 오늘날 롯데그룹으로 탈바꿈한 것같이 대기업으로 성장 발전할 수 있는 방법을 모색해 나가야 한다. 그래서 '중소기업기술인재사랑홍보대사'의 직무가 어려운 일이라는 예감이 들었다. 하지만 전문계 고등학교와 2년제 전문대학, 중소기업 현장으로 직접 달려가서 지금까지 살아온 모든 경험을 생생하게 들려줄 각오를 다짐했다.

"이 지구상에 나 같은 사람은 나 하나다. 그러므로 나는 대단히 가치가 있으며 내가 하는 일은 다른 모든 사람에게 유익하고 가치가 있는 일이다. 교만과는 차이가 있으며 나는 무엇이든 할 수 있고 가치 있는 일을 하기 때문에 열등감을 털어 낼 수 있다. 동시에 무슨 일이든 반드시 해낼 수 있다는 자신감을 갖게 되어 신념을 이룰 수 있다."

이렇게 자신감과 자긍심을 갖는 주문을 외우며 다짐을 했다. 그렇다. 내가 나를 좋아하지 않는데 누가 나를 좋아해 줄 것인가? 내가 하는 일을 내가 좋아하지 않으면 다른 누가 좋아해 줄 것인가?

'기술인재사랑홍보대사', 정말 멋지고 훌륭한 명칭이다. 나 자신이 자랑스럽고 자존감으로 완전무장한 삶을 이어가리라는 굳은 결의와 다짐으로 전국을 다니며 열띤 강연을 했다. 모든 젊은이들도 자존감을 갖고 자신이 하고 있는 일에 자긍심을 가져주길 소망하면서.

위 촉 장

이 종 규

　평소 중소기업에 깊은 사랑과 관심을 갖고 성원해 주신데 대해 감사드립니다.

　귀하를 '중소기업 기술인재 사랑 홍보대사'로 위촉 하오니, 앞으로도 전문계고 및 전문대에는 희망과 격려의 메시지를 전하고 국민들에게는 중소기업의 무한한 가치와 중요성을 알리는데 힘써 주실 것을 당부드립니다.

2009년 11월 18일

중소기업청장 홍 석 우

사소하고 작은 것의 소중함

나는 직장과 사회에서 많은 사람(특히 근로자)들이 큰 것은 중요하게 생각하는데 사소하고 작은 것은 무시하거나 눈여겨보지 않는 것을 보아왔다. 1억이라는 돈은 따지고 보면 1원짜리 동전 1억 개, 10원짜리 주화로는 천만 개, 100원짜리 주화는 백만 개, 1,000원짜리 지폐는 십만 장, 10,000원짜리 지폐는 만 장이다. 하지만 대부분의 사람들은 1원, 10원, 100원, 1,000원의 중요성은 잊은 채 그저 큰돈인 1억 원에 목말라한다.

평소 사소하고 작은 것을 중요하게 받아들이는 습관은 성공의 지름길이 될 수 있다. 한 알의 밥알이 탄생하기까지 여든여덟 번의 손길을 거쳐야 쌀(米)이 되는 이치를 깨우치면, 매일 식사할 때마다 한 알의 밥알도 버리지 않고 귀중하고 소중한 마음으로 감사함을 느끼며 먹게 될 것이다.

늦은 오후시간에 공원으로 산책을 나갔다. 주말에도 많은 사람들로 붐비는 곳이지만 주중 오후 시간이라 사람이 별로 없을 것이라 생각했는데 그날따라 몹시 붐볐다.

공원에 들어서서 한참 걷고 있는데 길바닥에 100원짜리 동전이 떨어져 있었다. 수많은 사람들이 그냥 지나다니기에 나는 체면을 무릅쓰고 동전을 주웠다. 물론 큰돈이었다면 누구라도 주웠을 테고 당연히 주인을 찾아 주었을 것이다. 그러나 100원짜리 동전은 그 누구도 주우려 하지 않는 것 같았다. 또한 법률적 측면에서 보면 자칫 '점유이탈물횡령죄'에 해당되는 것인지도 모르는 일이다.

100원짜리 동전을 주우면서 같이 간 아내에게 옛날 고등학교 시절 자취하던 이야기를 했다. 내가 고등학교에 다니던 1962년 6월 10일 통화단위를 10분의 1로 절하하고 화폐단위를 '환'에서 '원'으로 바꾸는 화폐개혁이 있었다. 당시 10원짜리 동전 하나면 꽁치(삼마)를 여덟 마리 살 수 있었다. 해질녘이 조금 지나 어두워질 때쯤에는 열 마리에서 열두 마리까지 10원에 떨이로 주곤 했다. 그 생선을 석유난로 위에 석쇠를 올려놓고 구우면 최고의 반찬이었다.

그리고 고등학교 졸업 후 군대생활 3년을 마치고 1968년 직장 생활을 처음 시작할 때 점심식사로 제일 맛있던 설렁탕과 짜장면 값이 30원, 담배 한 갑, 커피 한 잔도 30원이었다. 그러니 10원짜리 동전 3개만 있으면 배불리 한 끼 식사가 해결되었다. 그래서 나는 1968년 직장 생활 시작부터 10원짜리 동전의 가치를 뼈저리게 느끼고 담배를 마다하고 커피도 마시지 않고 절약한 동전들을 벙어리 저금통에 매일 모았다. 저금통이 꽉 차면 은행으로 달려가 예금통장으로 바꾸었다. 담뱃값과 커피 값이 오르면 물가상승에 따른 담배 한 갑, 커피 한 잔의 가격으로 10년 6개월을 모았더니 1978년 여의도에 34평 아파트를 분양받을 때 아파트 분양대금 1/4에 해당하는 목돈 자금이 되었다.

지금은 당시와 비교하여 물가가 많이 올라 100원짜리 동전의 효용

가치가 별로 없지만, 40여 년 전 커피와 짜장면 값의 3배가 넘는 100원 짜리 동전이 길바닥에 떨어져 있어도 아무도 주우려 하지 않는 현실이 안타깝게 느껴진다. 물론 돈의 가치가 하락해서 지금 100원으로는 아무것도 할 수 없다.

하지만 100원짜리 동전 백만 개를 모으면 1억 원이 되고, 그 열 배를 모으면 10억이라는 거액이 되는 것이다.

길거리에 떨어져 있는 100원짜리 동전. 쉽게 주우려 하지 않는 것은 아마도 체면 문제가 아닐까 하는 생각이 들지만, 나는 체면을 무릅쓰고 100원짜리 동전을 주워 다음 날 지하철 입구를 지나다 도움을 청하는 이에게 호주머니에 있는 돈과 보태어 주었다. 이렇게 사소하고 작은 것이 중요하고 그것이 어쩌면 기본이고 원칙이라고 해도 과언이 아니다.

사소하고 작은 일이라도 평소에 가볍게 생각지 말고 중요하게 여기는 습관을 기르면 좋은 결과를 얻게 될 것이다.

긍정적인 사고는 열성을 낳고
근면을 체화시킨다

무슨 일이든 가능하다는 생각을 하면 그 일을 할 수 있는 방법을 찾을 수 있고, 불가능하다는 생각을 하면 문제를 찾기 마련이다. 매사를 긍정적으로 바라보면 열정이 뒷받침되고, 열정이 솟아나면 근면성이 몸에 배어 어떤 일이든 가능하다는 확신을 갖게 된다.

앤디 앤드루스라는 작가는 "열정은 멋진 꿈을 가진 사람을 도와주는 힘이다. 열정은 확신을 낳고, 평범한 사람을 뛰어난 사람으로 만들어 준다"라고 말했다. 열정이란 "어떤 일에 애정이나 태도가 매우 열렬하고 한 가지 일에 집중하는 마음가짐"이라는 뜻이다.

모든 사람은 자신의 꿈(목표)을 이루기 위해 살아가고 있다. 사소하고 작은 꿈에서부터 인생의 최종목표인 큰 꿈(목표)에 이르기까지 개인이 갖는 꿈을 이루려면 체계적이고 치밀한 계획 속에 실천과 실행이 뒤따라야 한다. 다시 말해 자신이 하는 일에 대한 열정이 전제되어야 그 일에 도전하게 되어 좋은 결과를 얻을 수 있는 것이다.

또한 어떤 일에 열정을 가질 때 그 일에 온 마음과 힘을 쏟게 되고 긍정적이 된다. 열정 속에는 영감이 담겨 있다. 열정은 긍정의 원천이며 바탕이기 때문에 열정이 솟으면 누구나 자기 일에 도전하게 된다. 일생을 살아가면서 피할 수 없는 일, 그 일을 단순히 노동이라고 생각지 말고 일 자체를 즐기는 것이 무엇보다 중요하다. 기왕 해야 하는 일이라면 하고 싶어서 하는 일, 해야만 하는 일, 자기가 할 수 있는 일에 집중할 필요가 있다. 하기 싫은 일, 해서는 안 되는 일, 할 수도 없는 일에는 열정이 솟을 수가 없기 때문이다.

열정은 긍정의 원천이고, 긍정은 사랑을 잉태하며, 사랑은 신성한 의무와 아름다운 책임이 따르기에 열정적으로 일하는 사람은 자기가 한 일에 끝까지 의무와 책임을 지는 아름다운 모습으로 비쳐진다. 그리고 열정적으로 일한 사람은 반드시 조직에서 성공한 직장인이라는 결과를 얻을 수 있다.

긍정적인 자기상(Self-Image)을 확립하는 것은 매우 중요하다. 자신을 제외한 이 세상 모든 사람을 고객이라고 생각한다. 고객을 왕처럼 모시는 자세에서 출발하면 자신의 부족함을 어떻게 커버할 것인가를 알게 된다. 천재적인 두뇌를 가졌다 해도 부단히 노력하는 사람을 당할 수 없고, 부단히 노력하는 자도 일을 즐기는 사람을 당하지 못한다. 달리 표현하자면, 자기 일에 미치도록 매달려 보자는 것이다. 그런 습관이 체화되면 일이 즐겁고 행복함을 느끼게 되는 법이다.

그렇다고 일의 노예가 되라는 것은 절대 아니다. 자기 일이 즐겁고 행복하다는 생각을 해야 성공적인 삶이 된다. 또한 자기 일을 스스로 통제할 수 있어야 한다.

습관 고치기의 어려움

어느 조직을 막론하고 구성원들에게 항상 새로운 변화를 부르짖는다. 나 역시 40여 년 회사 생활을 하면서 직원들에게 변화를 외쳐댔다. 이것이 습관화되어 체질을 바꾼다는 것이 얼마나 어렵고 힘들다는 사실을 지금 온몸으로 느끼고 있다.

고등학교 시절 불규칙한 식습관으로 얻은 위장병을 평생 안고 살아오면서 위내시경 검사를 40회가량 받았다. 검사를 받을 때마다 과도한 스트레스와 신경성이라는 애매모호한 설명을 듣는 것 외에는 뾰족한 대안이 없었다. 식도 역류 현상이 있어 잦은 딸꾹질과 트림이 심하게 나타나 담배는 입에 물어보지도 않았고, 술도 업무상 소주 몇 잔 마시는 정도였지만 서른 살 이전에 위에 천공이 생겼다는 청천벽력 같은 진단을 받고 커피마저 끊었다.

은퇴한 이후 이제는 자유로운 몸이 되었으니 과도한 스트레스는 물론 세세하게 신경쓰는 것도 별로 없다. 그래도 역류 현상이 없어지지 않아 위내시경 검사와 두 시간 넘게 감마 촬영까지 했지만 궤양 자국은 그대로 남아 있고 다행히 헬리코박터균은 완전히 박멸된 상황이라

그나마 다행이다.

꾸준히 약물을 복용하고 의사가 가르쳐 준 대로 트림이 나오려는 순간 심호흡으로 마음을 가라앉히고 침을 삼키며 막으려고 애써보지만 별 차이가 없다. 지금은 은퇴하여 비즈니스 관계도 없고 처음 만나는 사람에게 굳이 좋은 인상을 주려고 노력하지 않지만, 조직 생활을 할 때 특히 비즈니스 관계로 처음 만나는 손님 앞에서 딸꾹질과 트림을 연속으로 하면 그날 일은 절반의 실패라 해도 과언이 아니었다. 트림이나 딸꾹질이 나오려면 어금니를 깨물고 상대에게 노출되지 않게 하려다 얼굴이 굳어지고 얼마나 고통이 심했는지 모른다.

그러한 악조건에서 눈물겨운 노력으로 정상의 자리에 올라 성공한 직장인이라는 말을 듣다가 은퇴하고 쉬면서 지금까지 습관을 바꾸려고 안간힘을 쏟고 있지만 쉽게 바뀌지 않는다. 습관을 바꿔라! 변화를 시도하라! 온갖 미사여구를 동원하여 이야기해도 쉽게 바뀌지 않던 구성원들을 지금은 조금 이해하게 되었다.

그러나 나는 결코 포기하지 않을 것을 다짐한다. 내가 겪고 있는 이 현상이 습관성이라면 이 나쁜 습관을 꼭 고칠 것이다. 그리고 제2의 새로운 인생을 살아보련다. 지나온 과거는 어쩔 수 없지만 현재와 미래는 나의 의지와 선택에 관한 것이니까 말이다. 누구나 잘못된 습관을 고치면 성공의 길로 나아갈 수 있다는 신념을 다시 다지면서.

제5장
강연장에서
있었던 일들

누구나 존재가치가 있다

전국을 다니면서 많은 강연을 했다. 고등학생, 대학생, 학부모, 기업인, 공무원, 교직자 등을 대상으로 한 강연을 간단히 기술해 보려고 한다. 무엇보다 고등학교 교사들에게 강연을 하면서 느낀 것이 있다. 학생을 가르치는 교사에게 과연 무슨 얘기를 해야 할 것인가? 걱정과 우려 속에 지식이 아닌 지혜에 관한 강연 원고를 다듬기 시작했다.

사람은 자신의 일을 열심히 할 때 자연히 행복을 느끼게 된다. 무슨 일이든 지금 하고 있는 일에 최선을 다해야 좋은 결과를 얻을 수 있는 것이며, 지금 하고 있는 일을 적당히 눈치나 살피며 시간을 낭비하고 나중에 시간이 되면 다시 해도 되겠지 하는 마음 자세야말로 문제가 아닐 수 없다.

내가 고등학교 교사를 대상으로 한 강연이 위대한 일이 될지 아닌지는 생각하지 말고, 주부가 방을 청소할 때는 완전히 청소에 몰두하고, 요리를 할 때는 가족의 건강을 생각하면서 거기에 정성과 사랑을 쏟아부어야 집안이 깨끗하고 맛있는 음식이 만들어지는 것처럼, 나도 그들에게 내가 살아온 과정을 솔직하게 들려주면 된다는 생각으로 PPT를 작성했다.

이렇게 어떤 한 가지 일을 알고 결실을 이루고자 끊임없이 노력하며 심혈을 기울여야 만족스러운 완성품이 만들어지는 것이다. 마찬가지로 교사들도 투철한 교직관과 직업의식으로 무장하여 단순한 지식 주입이 아닌 학생들의 적성을 파악하여 인생 진로를 인도하는 지혜로움을 가져달라는 내용의 교재를 만들었다.

아마도 교사들은 학생들이 일류가 되려면 지식이 충만해야 하고 그렇게 되려면 교사가 보다 더 지식 수준이 높아야 할 것이라는 생각을 했을지 모른다. 그러나 나는 지식 주입보다 교사가 솔선수범하는 자세를 보여 주라는 부분에 역점을 두었다. 간단히 말해서 흡연은 건강에도 해롭고 나쁜 습관이다. 그러니까 담배를 피우지 말라고 강단에서 가르친다. 그리고 나서 그렇게 말씀하신 선생님이 휴식시간에 교무실에 앉아서 담배를 피운다. 그 광경을 본 학생들은 어떤 생각을 할 것인가?

또한 아름다운 축대를 관찰해 보면 그 축대를 형성하고 있는 것은 벽돌 한 장 한 장임을 알 수 있다. 그리고 한 장 한 장의 벽돌을 이어 붙이기 위해 적당량의 시멘트가 더해져 축대가 완성된다. 이익을 추구하는 기업도 사람이 모인 하나의 축대와 같은 것이다. 각자의 개성이 다르고 역량마저 다른 천태만상의 사람이 모여 이익을 추구하는 기업 경영 활동의 바탕을 이루게 된다. 정문을 지키는 경비원, 청소를 담당하는 청소부에서부터 관리, 생산, 영업 등 기업이라는 조직 역시 한 사람 한 사람이 모여 이루어지는 것이다.

교사들이 가르치고 있는 제자 한 사람 한 사람이 위대하고 존재가치가 있으니 비록 꼴찌일지라도 무시하지 말고 진정한 사랑과 열린 마음으로 따뜻하게 감싸 주고 기를 살려 주어야 한다.

강연이 끝난 후 뜨거운 박수가 이어졌다. 그 박수는 학생 한 사람 한 사람이 중요하다는 것을 알았다는 것이고, 담배를 피우는 흡연자는 당장 금연을 결행할 것이라는 약속의 박수였다.

공무원의 자세

　경상남도 지방공무원 400여 명에게 '열정이 만들어 낸 나의 삶'이란 주제로 특별강연을 했다. 강연 시작 시간이 오후 3시인데 정각 3시가 되었는데도 강연장이 정리가 덜 된 느낌이었다.

　물리학에서 시간이란 "과거로부터 현재를 통해 미래로 움직이는 비공간적인 연속체"라고 정의한다. 톨스토이는 "세상에서 제일 귀중하고 가장 소중한 시간은 지금 현재 이 시간"이라고 말했다. 철학자 아우구스티누스는 "과거라는 어느 시점에서 지금이라는 현재를 지나 미래의 어느 시점으로 가고 있는 것"을 과거지향형, "미래라는 어느 시점에서 지금이라는 현재를 지나 과거라는 어느 시점으로 사라지는 것"을 미래지향형이라고 했다. 자신이 바라고 소망하는 미래는 자신의 과거에 의해서 결정되는 것이 아니라 지금이라는 현재 행동에 의해 좌우된다는 사실을 알아야 한다.

　또한 내 인생 목표는 지금까지가 아니라 지금부터다. 지금의 내가 바로 보이지 않는 미래의 나 자신이기 때문이다. 이렇듯 현재라는 지금의 시간을 어떻게 활용하고 관리할 것인가는 자신의 운명을 결정짓는 대단히 중요한 것이다. 과거라는 굴레를 과감하게 벗어던지고 지금 현재라는 이 시간 자신의 일에 영혼을 불어넣자고 일성을 던지고 강연을 시작했다.

제일 먼저 "공무원의 자세가 무엇입니까?"라는 질문을 던지자 아무 반응이 없었다. "진정한 봉사(奉仕)의 자세가 아닐까요?"라는 자답을 하고 나서 "그럼 진정한 봉사의 자세란 무엇일까요?"라는 우문을 던져봤다. 역시 아무 반응이 없었다.

"국어사전적 의미의 봉사란 첫째, 남을 위하여 헌신적으로 노력함. 둘째, 국가와 사회를 위하여 헌신적으로 일함이라고 되어 있습니다"라고 설명한 후 다시 "헌신이란 뜻은 무엇입니까?"라는 우문을 또 던졌다.

마찬가지로 아무런 반응이 없었다. 헌신이란 "몸과 마음을 바쳐 있는 힘을 다함"이라고 풀이한 후, 과연 공무원으로서 부끄러움 없이 지역 주민들에게 몸과 마음을 바쳐 있는 힘을 다해 진정한 봉사의 자세로 일하고 있는가를 물었다.

대개의 사람들은 자기 직업에 대하여 투철한 직업의식을 갖고 있지 않다. 직업을 단순히 먹고살기 위한 수단으로 치부해 버리기 때문이다. 공무원 조직이 투철한 직업의식으로 무장되고 진정한 봉사의 자세로 주민과 지역사회를 위해 헌신적으로 일한다면 대한민국은 세계 최강의 국가가 될 것이며, 우리 사회는 지금보다 한층 더 밝아지고 모든 국민은 행복해질 것이라고 나는 믿는다. '봉사'라는 단어 하나를 음미해 보는 것도 아주 중요한 일이다.

나는 사회생활 시작부터 나 자신이 2% 부족하다는 사실을 인정하고 있었기 때문에 직무와는 상관 없는 회사 화장실 청소를 6개월 동안 스스로 한 경험을 들려주면서, 공직자들은 지금까지 관행이라는 울타리 속에서 안일하게 지나온 과거를 말끔하게 지워 버리고 미래지향적인 자세로 진심어린 봉사와 헌신으로 지역 주민에게 다가간다면 경상남도는 대한민국 제일의 지방자치 행정단위가 될 것이라고 했다.

그리고 나서 지금까지 공직에 있으면서 흰 봉투를 단 한 번도 받지 아니한 사람이 있으면 손을 들어 보라고 했더니, 순간 강연장이 무거운 분위기로 바뀌었다. "공직에서 정직 하나만 지켜도 최소한 여러분은 정년까지 신분이 보장되는 직업이니 얼마나 행복합니까? 그러니 공무원으로 성공하려면 정직과 봉사라는 두 단어만 가슴에 담고 머리에 입력시켜 놓으면 모두 대성공을 이룰 수 있습니다" 하고 강연을 마쳤다.

강연장에서 만난 멋진 인연

초 · 중 · 고 동창에서부터 군복무 때 만난 전우, 롯데라는 울타리 속에서 상사와 부하라는 관계, 업무상 연결고리가 된 대리점 경영자와 수많은 거래처 고객들뿐만 아니라 사회생활을 하면서 이루 헤아릴 수 없을 만큼 많은 사람들과 만나고 헤어졌다. 그러한 만남 중 광주 경총 조찬 특강에 초청받아 알게 된 제과점을 경영하는 장진규 사장과의 인연을 이야기하고자 한다.

진주보건대학과 전남대 경영전문대학원 최고경영자과정 강연에 초대를 받았다. 오후 2시부터 4시까지 진주보건대학 강연을 마치고 폭우가 쏟아지는 남해고속도로를 2시간 30분 달려 전남대에 도착하여 장진규 사장의 안내를 받았다.

경영전문대학원 정성창 원장과 함께 간단히 저녁식사를 하고 강연을 마치니 밤 10시였다. 서울에서 출발하여 오후 2시부터 4시까지 진주보건대학 강연, 다시 광주까지 직접 운전을 하고 가서 저녁 강연을 하고 나니 파김치가 되었다. 그런데 장진규 사장이 간단히 차 한잔 하자는 제안에 응하게 되었다.

찻집의 위치는 잘 기억나지 않지만 늦은 밤이라 손님은 우리 부부와 장진규 사장, 그리고 동행하면서 사진을 찍어 준 김교돈 씨 네 명이었다. 은은한 녹차 향기 속에 장진규 사장이 손수 만들어 온 케이크 보따리를 풀어놓았다. '전남대학교 경영전문대학원 강연기념 이종규 사장님 2010년 5월 18일'이라는 초콜릿 글씨가 선명하게 새겨져 있었다. 나는 순간 너무나 감동을 받아 어안이 벙벙했다. 케이크 촛불을 끄고 사진 촬영을 한 후 늦은 밤 그윽한 차향기에 취해 있었는데, 그 찻집 따님의 아쟁 연주가 이어지더니 주인마님이 사철가를 부르는 게 아닌가. 세상에 이렇게 환대를 해 주다니….

밤 12시를 넘기고 1시 가까이 될 무렵 찻집을 나서 신양파크호텔에서 묵은 후 다음 날 장진규 사장 부부의 안내로 담양을 갔다. 우리나라에서 가장 아름답다는 담양 메타세쿼이아 가로수 길에서 오랜만에 아내를 자전거 뒷자리에 태우고 달리기를 했다. 죽녹원(竹綠苑)을 한 바퀴 돌면서 대나무 숲 아래 연초록으로 돋아나는 녹차 잎을 연신 따먹으며 우후죽순이라는 말이 실감나게 어젯밤 내린 비의 영향인지 굵직한 죽순들이 여기저기 솟아오르는 장면이 장관이었다.

점심은 '죽녹원첫집식당'에서 대나무통밥을 먹고 관방제림(官防堤林) 길을 걷다가 징검다리를 건너며 옛날 농촌의 향수를 마음껏 느껴보았다. '명가혜(茗可蹊)'라는 찻집에도 들렀다. 감성으로 춤을 춘다는 감성무(感性舞) 전문가 국근섭 씨가 주인이었는데, 그의 아내는 자신의 몸도 가누기 힘든 환자의 몸으로 입양아를 키우면서 죽로차를 손수 끓여 내놓았다. 따뜻한 마음씨가 그대로 녹차에 우러나오는 듯했다.

차를 마시고 나니 이색악기 연주가 장승일 씨 부부가 아코디언과 톱

연주를 하는 게 아닌가. 이어서 양동명이라는 부부는 대금으로 대중가요 '동백아가씨'를 구슬프게 연주하고 국근섭 씨가 창과 함께 멋진 한판 춤을 추고 나니 마지막으로 장진규 사장이 낭랑한 목소리로 김춘수 시인의 '꽃'이라는 시와 정현종 시인의 '모든 순간이 꽃봉우리인 것을'이라는 시를 낭송했다. 이분들은 모두 1959년 돼지띠 부부들이다. 세상에 이렇게 아름다운 우정이 있을까. 그리고 강연장 모습에서부터 1박2일간 촬영한 사진들을 모아 사진첩을 만들어 보내 주겠단다. 헤어지는 순간 담양 농원에서 캔 쑥으로 만든 찹쌀떡을 실어 주던 모습이 지금도 눈에 선하다.

내가 해 준 것은 살아오면서 경험한 이야기들을 들려준 것뿐인데 장진규 사장 부부는 사전에 계획을 세워 따뜻한 배려와 극진한 환대로 우리 부부를 맞아 주었다. 1박2일 짧은 여정이었지만 광주의 강연과 그곳에서 함께했던 많은 사람들과의 인연은 인생을 살아오면서 느껴보지 못했던 훈훈한 사람 냄새를 다시 느끼게 해 준 소중한 시간이었다.

나도 열정이라는 측면에서는 누구에게도 뒤지지 않는다고 생각하고 있었지만, 그분들의 열정 속에는 여태껏 내가 가져보지 못한 여유와 멋이 깃들어 있었다.

수많은 만남과 헤어짐 속에서도 오랜 세월 추억으로 남는 만남은 그리 많지 않으리라는 생각에 이렇게 글로 남긴다. 장진규 사장 내외의 인간미 넘치는 배려에 감사드리며, 강연장에서부터 담양까지 사진을 촬영해 준 김교돈 님께도 무한한 감사와 고마움을 전하고 싶다.

5 · 18광주민주화운동과
6 · 25전쟁기념일의 강연

　5 · 18광주민주화운동이 일어난 지 꼭 30년이 되는 2010년 5월 18일 우연하게도 나는 전남대학교 경영전문대학원 최고경영자과정의 CEO들을 대상으로 강연을 하게 되었다. 돌이켜보면 5 · 18광주민주화운동은 광주시민들의 적극적인 참여정신이 만들어 낸 결과의 산물이다.

　5 · 18광주민주화운동. 이름 그대로 이 땅에 민주주의의 토양이 되어 문민통치시대의 문을 활짝 열게 된 대통령직선제의 계기를 만들었던 그 장소에서 광주지역 경제계의 CEO들을 대상으로 한 강연이었기에, 우리나라는 이제 확실히 민주주의의 뿌리가 내려졌고 모두 자유롭게 의사 표현을 할 수 있는 사회이므로 경제주체로서 경제보국의 일념으로 일자리 창출과 정도경영(正道經營)을 해야 한다는 요지의 이야기를 했다.

　그리고 한 달여가 지난 6월 25일 수원정보과학고등학교 교사 워크숍에서 강연을 하게 되었다. 이날 역시 6 · 25전쟁이 발발한 지 60년 되는 2010년 6월 25일, 역사적인 날이었다. 그리고 교사들을 대상으로 한 강연이었기에 이 나라의 앞날을 이끌어 나갈 학생들에게 꿈과 희망을 심어 줄 것과, 어떤 일이든 '정직의 토양에서 잉태한 긍정'의 씨앗을 싹틔울 수 있도록 열정과 도전정신을 가지는 학생이 될 수 있도록 가르쳐 달라는 부탁의 말을 했다.

지금도 경제적 환경이 어려운 이들이 많지만 초근목피로 연명하던 60여 년 전 피난길에 깡통을 들고 구걸했던 나의 아픈 기억을 이야기하다가 나도 모르게 감정이 북받쳐 눈시울을 붉히기도 했다. 이렇게 이따금 하는 강연이지만 국가백년대계를 짊어질 학생들을 가르치는 교사와 경제계의 주역들을 대상으로 한 강연을 5·18광주민주화운동이 일어난 바로 그날 그 장소에서, 6·25전쟁이 일어난 그날 교사들을 대상으로 강연한 것은 정말 의미 있는 일이었다.

시각장애인으로 올림픽 국가대표 역도선수였고 투자전문가이자 기업가로서 성공한 미국의 짐 스토벌은 《최고의 유산 상속받기》에서 이렇게 말했다.

"인생이란 모래시계의 모래처럼 끊임없이 빠져나가는 것이다. 그러다 언젠가는 마지막 모래알이 떨어지는 것처럼 내 인생의 마지막 날이 오겠지. 나는 항상 그 마지막 날이 오면 어떻게 살아야 할까, 살 날이 딱 하루밖에 남지 않았다면 무엇을 할까, 그 생각으로 살았다. 그러다가 하루하루가 그 마지막 날처럼 소중하다는 걸 깨달았다. 그리고 하루하루를 마지막 날처럼 의미 있게 잘 사는 게 인생을 잘 사는 것이란 걸 깨달았다. 인생이란 하루하루가 모여서 된 것이니까."

나는 지금 칠십 대를 지나고 있기에 사회에 이렇다 할 공헌을 한다는 것은 무리라는 생각이다. 하지만 하루하루의 시간은 하늘이 내게 준 선물이기에 그 하루의 주인으로서 내 역량에 맞는 삶을 살아가려 한다.

의미 없이 지나가는 하루이건, 즐겁고 기쁘고 행복한 하루이건 모두 자신의 시간 계획에 따라오는 결과다. 덧없이 보낸 오늘이라는 하루는 아무리 후회하며 뒤돌아봐도 다시는 오지 않는 과거다. 그래서 나는 오늘도 비가 내리지만 평소 일정대로 수리산 태을봉에 올라 늙어 가는 내 육신을 스스로 담금질하면서 기쁘게 하루를 보냈다. 이것이 내 인생을 잘 사는 것이기에 말이다.

굳은 신념과 확고한 꿈을 가진
여자공업고등학교

우리나라 고등학교 졸업자의 대학 진학률이 83%가 넘는다는 통계를 보았다. 내가 다닌 마산상업고등학교도 10여 년 전 인문계 고등학교로 탈바꿈하면서 교명이 마산용마고등학교로 바뀌었다. 너도나도 대학 진학을 목표로 하는 세태에 상업고등학교를 졸업하고 취업하려는 지원자가 점점 줄어들기 때문이다.

내가 상업고등학교를 다니던 그 시절에도 고등학교를 졸업하고 취업하는 것이 보편적이었지만 꼭 대학 진학을 하려는 학생들을 위해 진학반을 별도 운영하기도 했다. 그러나 지금같이 모두 대학 진학을 꿈꾸는 것은 아니었다.

인천여자공업고등학교에서 강연을 하게 되었다. 남성 전유물로 생각했던 공업고등학교가 여자공업고등학교라니 아주 특별한 느낌이었다. 일반 대학의 기계공학이나 전자공학 분야에 여학생이 다니는 것은 특별하다는 생각이 들지 않지만, 공업고등학교라면 당연히 남자들만 다니거나 아니면 남녀공학쯤으로 여겼는데 여자만 다니는 공업고등학교라서 말이다.

이 학교는 1994년 3월 10학급 544명의 입학으로 개교한 지 23년이 되는 우리나라 최초의 여자공업고등학교다. 주변에 안산공단과 시화공단 그리고 부평공단이라는 배후 산업단지가 있어 지역적 특화로 취업이 잘 될 수도 있는 장점이 많아 여자공업고등학교가 탄생하게 되었는지 모르겠다.

개교할 때 여자공업고등학교라는 상징성으로 당시 김영삼 대통령이 직접 방문하여 기념 식수를 한 사실만 보더라도 이 학교 설립자는 시대의 변화를 내다보는 안목을 가진 선각자적임이 틀림없어 보였다.

처음에는 기계, 전자기계, 전자계산기, 디자인, 인쇄, 식품공업 등 6개 학과로 분류, 산업 현장의 실무와 직결되는 전문기술인력 양성을 목표로 설립되었다. 이후 외부환경의 변화에 맞춰 기계과는 CAD모델링과로, 전자기계과는 로보테크과로, 전자계산기과는 IT컴퓨터과로, 디자인과와 인쇄과를 미디어아트과로 통합, 식품공업과는 식품과학과로 시대의 흐름에 맞추어 짧은 기간 동안 기본에 충실한 창의적인 전문기술인력 육성에 눈부신 발전을 거듭하고 있는 전문계 특성화 고등학교라는 것이 퍽 인상적이었다.

강연을 다니면서 눈으로 직접 보지 않았다면 사실 여자공업고등학교가 있을 것이란 생각은 하지 못했다.

전국 고등학교를 다니면서 강연해 봤지만 일찍부터 자기 진로를 적성에 맞추어 굳은 신념과 확고한 꿈을 가지고 여자공업고등학교를 선택한 학생들. 초롱초롱한 눈망울과 어느 고등학교보다 진지하고 활력이 넘치는 자세에 매료되어 시간 가는 줄 모르고 두 시간의 강연을 마쳤다. 그들에게 내가 걸어온 40여 년의 직장 생활 경험을 들려주면서 모두 성공된 삶을 살아 달라는 당부를 했다.

하지만 지금 공업고등학교 본래 설립 목적인 기본에 충실한 창의적인 전문기술인력 육성이라는 정체성의 빛은 바래고 공업고등학교 역시 졸업을 하면 취업보다 대학 진학을 우선시하는 경향이 뚜렷하다니 가슴 아픈 일이 아닐 수 없다.

산업의 발전으로 전문기술인력을 모두 흡수하고도 여자공업고등학교를 졸업한 인적자원이 부족함을 느끼는 시대가 빨리 왔으면 얼마나 좋을까? 그래서 그들에게 취업의 문이 활짝 열려 대학 진학보다 모두 취업으로 방향을 바꾸는 날이 하루 빨리 오기를 기원해 본다.

인천여자공업고등학교, 그 이름이 거룩하게 빛나기를 기원한다.

담배 연기 없는 학교 만들기 캠페인

서울과 지방 전문계 고등학교 여러 곳에 강연을 다녀왔다. 기업에 있을 때도 몇몇 고등학교에 강연을 다녀봤지만 승용차 뒷좌석에 앉아 학교 풍경을 제대로 보지 못했다. 하지만 요즘은 지하철이나 버스를 이용해 교문을 걸어 들어가면서 학교의 이런저런 모습을 많이 보게 된다.

지난주 서울의 한 고등학교를 찾아가다가 학교 담벼락에 걸린 '담배 연기 없는 학교 만들기'라는 현수막을 보고 깜짝 놀랐다. 2009년 서울시 교육청으로부터 금연선도학교로 지정받은 사실과 학교 이름이 버젓이 적힌 채 담장에 걸려 있으니 4차선 도로를 오가는 사람들은 이 현수막을 보게 될 것이다.

나는 고개를 갸웃거리며 흡연자가 얼마나 많으면 학교 담장에 버젓이 현수막이 내걸렸을까 생각하며 교문을 들어섰다. 그리고 또 한 번 놀라게 되었다. 학교 건물 입구에 세워 둔 '금연십계명'을 보면서!

금연십계명
① D-Day를 정하라

② 무조건 오늘은 피우지 마라

③ 지금 딱 한 번만 참아라

④ 친구가 피운다고 같이 피우지 마라

⑤ 멋으로 피우지 마라

⑥ 건강한 나의 미래를 생각하라

⑦ 흡연 아닌 취미생활을 하라

⑧ 운동을 시작하라

⑨ 충분한 영양을 섭취하고 휴식하라

⑩ 부모님의 얼굴을 생각하라

남들 몰래 피운 담배 나도 몰래 건강 위험

학교는 전 지역이 금연구역입니다.

강서공업고등학교

이쯤이면 고등학생들의 흡연율이 성인 수준에 가까워지고 있다는 사실일 것이다. 내가 세상을 몰라도 한참 몰랐구나 싶었다.

전문계 고등학교는 전문 기능이나 기술을 습득하여 졸업과 동시에 취업을 목적으로 입학하는 것으로 알고 있었지만, 또 다른 곳에 내걸린 현수막을 보고 내 생각이 완전히 빗나간 것을 알게 되었다.

'취업현황과 대학입시 합격현황(4, 5년제 합격자 46명. 2, 3년제 합격자 121명 합격)' 이라는 두 개의 현수막이 걸려 있었는데, 4, 5년제 대학 합격자는 무슨 대학, 무슨 학과에 누가 합격하였다는 내용까지 상세하게 써붙여 놓았다.

전문계 고등학교의 정체성이 무엇인지 궁금했다. 대학 진학이 목표였다면 일반 고등학교에 진학할 것이지 왜 전문계 고등학교에 진학을 했단 말인가? 그래서 관계기관에 물어보았더니 전문계(공업, 상업, 정보 등) 고등학교를 졸업하고 취업 나가는 학생이 2008년도 기준으로 20% 가 못 되고 오히려 대학에 진학하는 학생이 73%가 넘는다는 이야기를 듣고는 더 이상 할 말을 잊었다.

대학은 가야 하는데 인문계 고등학교에 못 간 학생이나 학부모들의 심정을 헤아리기에는 역부족이다. 무엇이 옳은 것인지 모르지만 지금 우리 사회가 안고 있는 고학력 인플레이션의 모순임에 틀림없다.

우리나라 교육 현실이 이러한데도 정치권이나 교육당국이나 학부모 나 사회의 어느 누구도 근본 대책은 세우지도 못하고 서로 공방만 하다 가 교육정책만 바꿔 버리는 안타까운 현실이 쓸쓸하고 한없이 서글프다.

인성교육이 잘 되어 있는
남원제일여자고등학교

직장을 그만두고 3년여 동안 전국 고등학교 수십 곳에서 강연을 하면서 느낀 공통점은 인사를 제대로 하는 학생들을 보지 못했다는 것이다. 학교마다 정문을 들어서서 운동장을 지나 교실에 들어가는 도중에 많은 학생을 만나도 이방인을 대하는 그들은 닭이 소 쳐다보듯 했다. 그리고 강연을 시작해도 잡담을 그치지 않고, 채 10분이 지나기도 전에 머리를 숙인 채 조는 경우가 40~50%가 넘는다. 강사의 이야기에 귀 기울이는 학생은 고작 10~20% 정도에 불과하다. 또 어디를 가도 강사 이야기를 메모하는 학생은 손가락으로 셀 정도다.

물론 수업태도는 학교의 특성에 따라 약간의 차이는 있다. 이러한 아이들을 학교에 보내놓고 부모는 자기 자식은 모두 소중하고 똑똑한 아이들이라는 생각에 젖어 있을 것이다.

그런데 남원제일여자고등학교에 특강을 하러 간 날, 지금까지 보아 왔던 다른 고등학교와는 180도 다른 모습에 큰 감동을 받았다. 주차할 수 있는 위치를 물어보려고 자동차에서 내렸더니 마주 오던 학생이 "안녕하세요"라고 인사를 건네는 것이었다. 학교 옆에 차를 세워 놓고 들어서는데 만나는 학생들마다 "안녕하세요"라고 인사를 했다. 복도를 지나는데 수업을 마치고 교실에서 우르르 몰려나오던 학생들도 모두 "안녕하세요" 하고 인사를 했다.

학교에서 인성교육을 어떻게 실시하고 학교 문화를 어떻게 만들어 왔는지 정말 다른 세상 같았다. 남원제일여자고등학교에서는 지식뿐 아니라 인성교육을 얼마나 철저히 실행하였으면 모든 학생들이 "안녕하세요"라는 인사를 경쟁적으로 할까? 정말 인성교육이 매우 잘 되어 있는 학교라는 생각이 들었다.

사람은 지식으로만 살아갈 수 있는 게 아니다. 지식 못지않게 인성교육을 철저히 시키는 남원제일여자고등학교의 교육방침이 한결 돋보이는 현장을 목격했다.

강연 시작 전 교장실에서 차 한잔 마시며 방금 느낀 얘기를 했더니 교장선생님께서 흐뭇해하시던 모습이 지금도 눈에 선하다.

인사를 참 잘하더라는 얘기에 감동을 받으신 교장선생님이 강연장에 직접 들어오셔서 내 강연을 들으신 모양이다. 선생님들도 모두 강연을 들어야 한다면서 남원제일여자고등학교 선생님 전원과 행정관리직원 하계수련회에도 3시간 특별강연 초청을 받았다.

남원제일여자고등학교가 아름답게 인사하는 전통 문화를 계승 발전시켜 나가기를 간절히 바라며, 학생들의 파이팅 하는 모습을 영원히 기억하고 싶다.

자기에게 주어진 일을
스스로 하는 사람이 되라

정부의 특성화 전문계 고등학교 및 전문대학 육성사업 정책에 따라
전국의 전문계 고등학교(상업고등학교, 공업고등학교, 정보과학고등학교 등)와
2년제 전문대학에 강연을 많이 다녔다. 주로 학생들 대상이지만 때로
는 선생님에게 강연을 하기도 했다. 강연 내용은 '성공한 인생이 되려
면 어떤 자세로 일(業)을 해야 할 것인가?'였다.

성공이라는 정의도 사람마다 다를 것이고 성공에 이르는 과정이나
방법도 개인의 가치관에 따라 다를 수밖에 없지만, 나는 성공이라기보
다 자신의 삶을 통해 이루어진 결과에 다른 사람들로부터 축복을 받는
삶이거나 스스로 축복 있는 삶이라고 느낄 수 있으면 성공한 삶이라고
본다. 그러기 위해서는 무슨 일이든 자신이 맡게 된 것을 스스로 하는
자세가 매우 중요하다는 것을 강조한다.

나는 다른 사람들로부터 성공한 사람으로 회자되기를 원치 않았다.
그저 근면하고 성실하게 주어진 일을 정직하게 했다는 강한 자부심과
자긍심을 가지고 있을 뿐이다.

40여 년 직장 생활을 하면서 종이나 노예같이 상사의 지시나 명령에

따라 일을 하는 직원이 있는가 하면, 자기가 해야 할 일을 스스로 찾아서 하는 주인 같은 사람을 많이 보았다. 이들 중 마지막 웃는 자는 두말할 것도 없이 스스로 일한 사람들이었다.

일본의 마쓰시타전기 창업자인 마쓰시타 고노스케 회장은 회사에 입사한 직원들에게 "여러분은 세상의 많은 직장 중에 우리 마쓰시타전기를 '선택'해서 입사했다. 그렇게 많은 인생 진로 중에 자신이 선택한 길로 들어섰으니 자신에게 주어진 업무도 스스로 하는 사람이 되라"고 설파했다고 한다.

즉 자기 인생은 스스로 살아가는 것으로 삶(인생)에는 공짜가 없듯이 인생을 살아감에 있어 정해진 길은 따로 없다. 그래서 우리는 각자 스스로 옳다고 생각하는 길을 따라 자신의 삶을 살아가고 있는 것이다.

하지만 그 길은 마냥 남들이 선택하는 길을 따라서 가는 것은 불행한 길일 수밖에 없다. 왜냐하면 그 길은 남들과 같은 삶의 복사판이기 때문이다. 시간과 세월은 흐르는 강물처럼 흘러가 버리고 한번 흘러간 강물은 되돌아올 수 없는 이치와 같이 우리 삶도 한번 지나가면 다시는 돌아오지 않는다.

우리는 언제나 성장과 발전을 통한 성공을 갈망하면서 직장 생활을 하고 있다. 그러면서도 조금만 어려워도 불만과 불편함을 참지 못하고 주위를 탓하고 환경을 탓한다.

성공한 인생을, 온전히 자신이 원하는 멋진 인생을 만들어 가기 위해서는 주위의 나쁜 유혹에 빠져들지 않고 자신을 더욱더 채찍질하고 담금질을 게을리하지 않아야 한다. 그리고 무엇보다 정직한 자세로 자기 일을 스스로 하는 습관을 길러 온전히 체화된 삶을 살아가는 사람이 되어야 한다.

삶의 길목에 집념, 끈기, 용기, 인내, 의욕, 성실 등 헤아릴 수 없이 많은 단어들이 우뚝 서 있기도 하지만, 무엇보다 자기 내면세계를 다지고 성숙된 인격자로서 사물의 옳고 그름을 제대로 판단할 수 있는 역량과 더불어 지혜로움을 키워 나가야 할 것이다.

제6장
진정한 경쟁자는
자기 자신이다

요술 같은 시간의 틀을 벗어나야 한다 ⏐ 진정한 경쟁자는 자기 자신이다 ⏐ 돈이 인생의 목적이 되어서는 안 된다 ⏐ 부자와 가난한 자의 차이 ⏐ 모래밭에서도 싹을 틔울 수 있다 ⏐ 실패는 성공으로 보상받는다 ⏐ 스스로 잘못을 고치면 잘못이 아니다 ⏐ 어떤 모임이든 항상 앞자리에 앉아라 ⏐ 올바른 결정을 내리는 습관 ⏐ 옳고 그름의 기준 차이

요술 같은 시간의 틀을 벗어나야 한다

하루라는 시간은 누구에게나 24시간, 일 년이라는 세월도 누구에게나 똑같이 365일이 주어진다. 일상생활을 규칙적으로 짜임새 있게 관리하는 삶과 불규칙하게 흐트러진 삶을 사는 경우 효율성의 차이가 크다는 사실은 누구나 알 것이다. 하루를 짜임새 있게 규칙적인 생활 습관을 만드는 일은 정말 중요하다.

거기에 보태어 다음과 같은 一, 十, 百, 千, 萬 실천운동을 체화했으면 하는 바람이다. 내가 이렇게 주문하면 많은 이들은 공통적으로 시간이 없다는 이유를 댄다. 시간이 없다는 것은 시간의 틀 속에 갇혀 있다는 방증이다. 그 시간의 틀을 벗어나야 한다.

一. 매일 한 가지 이상 좋은 일 하기

사람들은 좋은 일 하기를 권하면 무엇이 좋은 일인가 하고 고민을 하게 될 것이다. 좋은 일이란 아주 간단하다. 일반적인 사회규범이나 관습과 도덕에 기초하여 우리 주변에서 발생하는 잘못된 것을 고치거나 제자리를 찾아주면 된다. 예를 들어 공중화장실 바닥에 휴지가 떨어져 있으면 주워서 휴지통에 넣으면 좋은 일이다. 나는 가끔 골프를 칠 때 필드는 물론 그린 주변에 버려진 담배꽁초를 보면 습관적으로 아무 말 없이 주워서 휴지통에 담는다. 이렇게 스스로 좋은 일이라고 생각되면 몸이 자기도 모르게 움직인다.

十. 매일 열 번 이상 타인 칭찬해 주기 (자기반성, 남 탓 안하기)

우리나라 사람은 남을 칭찬하는 것에 인색하다. 고래도 칭찬을 하면 춤을 춘다고 한다. 하물며 사람은 칭찬을 받으면 자기 역량을 뛰어넘는 실적을 올리게 된다. 매일 다른 사람 열 명을 상대로 칭찬해 준다면 칭찬을 들은 그 사람은 반드시 열성적인 팬이 될 것이다. 그리고 남을 탓하는 습관이 없어지게 되고, 자기 자신이 무엇을 잘못한 것인지 파악하는 데 결정적인 도움이 된다.

7년의 멘토링 활동을 하면서 멘티들에게 개인의 특성에 맞게 잘못은 지적하되 꾸중 대신 격려와 칭찬을 해 주었더니 얼마나 밝고 명랑한 모습들이었는지, 지금도 그들의 모습이 눈에 선하다.

百. 매일 다른 사람의 이야기 백 마디 이상 듣기 (경청의 습관화)

누구든 말은 잘 하지만 타인의 말은 잘 헤아리지 못하는 경우가 많다. 자신이 하고 싶은 말에 타깃을 맞추다 보면 상대방의 말뜻을 잘 못 헤아리기 쉽다. 자신은 말을 하지 말고 다른 사람이 하는 말을 백 마디 이상 듣다 보면 그 사람이 하는 말의 뜻이 100% 이해가 될 것이다. 경청은 오랜 훈련을 통하지 않으면 이뤄지지 않는다. 듣는 귀가 두 개인 것은 말하는 것보다 경청하라는 의미다. 경영 현장에서 불평불만을 쏟아내는 근로자들의 이야기를 들어주기만 해도 절반의 문제가 해결되는 경우가 많았다. 말을 하는 것만으로는 소통이 될 수가 없다. 듣는 것에 열중하자.

千. 매일 천 단어 이상 글 읽기 (독서습관의 생활화)

모든 사람은 자신의 직무에 대해 완벽한 지식이나 방법을 잘 알지 못한다. 그것을 2% 부족이라고 한다. 부족한 그 2%를 채우기 위해 자기 업무 영역과 관련된 전문서적이나 참고 되는 글을 읽어야 자기 일을 잘할 수 있다고 본다.

萬. 매일 만 보 이상 걷기 습관화 (건강은 필수다)

자신의 꿈을 이루어 나가려면 무엇보다 건강이 뒷받침되어야 한다. 특히 젊어서 건강관리를 잘 못하면 중장년이 되어 지구력이 떨어져 경쟁상대를 이길 방법이 없다. 나는 체구도 작고 모든 분야에서 다른 사람을 능가할 요건이 아무것도 없다. 그래서 초등학교 때부터 체격 좋은 친구들을 따라잡기 위해 열심히 달리기를 했다. 그 결과 지금도 보통사람들보다 발걸음이 훨씬 빠르다. 남들이 헬스클럽 회원권을 구입할 때 나는 직장 생활 시작부터 2005년 11월 경추디스크 수술을 받기 전까지 매일 아침 일찍 일어나 5km 달리기를 했다. 수술 이후 달리기는 무리라는 의사의 진단에 따라 매일 만 보 이상 걷기를 하고 있다. 그렇게 다져온 체력 덕분에 지금도 건강한 편이다.

진정한 경쟁자는 자기 자신이다

요즘 나의 일과는 지난날의 자료들을 정리하면서 직장에 다닐 때는 상상도 할 수 없는 여유로움을 즐기고 있다. 하지만 40여 년 직장 생활의 패턴에서 완전히 벗어나지 못해 새벽 5시 전에 어김없이 일어난다.

피터 드러커 박사는 "최고경영자가 직무계획을 짤 때 다른 누구에게도 맡겨서는 안 되는 두 가지 과제에 몰두할 시간을 반드시 가져야 한다"고 했다. 즉 외부를 향한 시간, 즉 고객, 시장, 기술을 위한 시간이며, 다른 하나는 사내의 핵심요원들과 만나서 차분히 이야기하기 위한 시간이다. 그러면서 동시에 시간을 잘 활용하기 위해서는 집중이 필요하다면서, 최고경영자에게는 자유로운 시간, 용무가 전혀 없는 시간, 문제처리로 고민하지 않아도 되는 시간이 필요하다는 것이다.

몇 해 전 미국의 CEO들에게 지금 하고 있는 일에 얼마나 만족하는지를 조사해 보니 75% 넘는 사람이 당장 그만두고 싶다고 했단다. 그만큼 CEO의 자리는 어렵고 힘든 것이다.

나는 10년 넘게 최고경영자의 위치에서 시시각각 조여 오는 중압감으로 한때 불면증에 이르기도 했다. 한밤중에 전화벨이 울리면 현장에서 무슨 사고가 일어났구나 하는 생각으로 수화기를 들었기에 상대편의 말을 못 알아듣고 엉뚱한 대답을 해서 놀라게 한 경우도 있었다.

나는 직장 생활을 하면서 남보다 앞서는 경쟁이 시간과의 경쟁이라는 것을 일찍 터득하고 집을 회사 가까운 곳에 마련했다. 출퇴근 시간을 단축하기 위해 걸어서 20분 이내, 승용차를 가진 이후에는 자동차로 20분 이내에 다다를 수 있는 곳에 집을 마련했다. 그러다보니 지금까지 회사 근처로 옮긴 것이 무려 열 손가락을 헤아릴 정도다.

그룹에서 회사 이동 전출 명령이 떨어지면 살고 있던 집을 팔고 회사 근처로 이사하는 것은 당연하다고 생각했다. 심지어 롯데삼강 대표이사로 근무하다 부산롯데호텔 대표이사로 가게 되었을 때는 사택을 마다하고 서울 집을 처분하여 부산 회사 근처로 이사할 정도로 시간과의 싸움, 나 자신의 행동 통제를 엄격히 했다. 그러니 다른 사람들은 하루가 24시간이지만 나는 25시라는 생각으로 생활했다.

이렇게 시간을 쪼개어 치밀하게 계획을 세우고, 수면시간을 줄이고, 낭비를 없애면서 직장 생활을 한 결과 남들보다 오래 직장에 다닐 수 있었고, 계획된 스케줄에 따라 스스로 조직을 떠날 수 있었다는 자부심을 갖고 있다. 이 모두가 시간과의 경쟁이었고, 시간과의 경쟁은 곧 엄격한 자기 관리를 통해 이루어지는 결과였으니 진정한 경쟁은 자기 자신과의 경쟁이었다.

보통 사람들은 90% 이상 습관화된 행동으로 살아간다. 잘못된 습관은 일찍 고쳐야 한다. 올바른 습관은 자신의 운명을 결정짓게 된다는 사실을 알았으면 좋겠다.

돈이 인생의 목적이 되어서는 안 된다

　취업박람회장을 찾은 구직자에게 "취업을 하려는 이유가 무엇입니까?"라는 질문을 던지면 90% 이상이 "돈을 벌기 위해서입니다"라고 응답한다고 한다. 신입사원 면접에서도 "왜 취업을 하려고 합니까?"라고 질문하면 대부분 비슷한 대답을 한다. 그래서 다시 "세상에서 제일 좋은 것은 무엇이라고 생각합니까?"라고 우문을 던지면 역시 "돈이 제일 좋습니다"라는 대답이 압도적이다.

　이것은 내가 경영자로서 수년간 체험한 일이다. 특히 어린이들에게 용돈을 주면서 같은 질문을 던져도 역시 "돈이 제일 좋아요" 한다. 그리고 주변 사람들도 모두 부자가 되기를 바란다. 그들은 될 수만 있으면 많은 돈을 갖기를 바라는 것이다.

　자본주의 세상에서 돈이 제일 좋은 것인지도 모르겠다. 국가 경영을 책임졌던 사람들도 돈이 좋기에 자리에서 물러난 후 곤욕을 치르는 것을 지금까지 수없이 목격했다.

　그렇게 좋은 돈은 과연 어떤 돈이어야 할까? 돈을 많이 벌(갖)기를 원하면 돈을 많이 벌 수 있는 일을 남들보다 잘해야 하고, 돈을 많이 벌 수 있는 일(業)을 남들보다 잘하려면 그에 따른 능력이 남들보다 앞서야 하는 것이다. 다른 사람보다 능력이 앞서려면 피나는 훈련과 근면과 성실이 전제되어야 함은 기본이다. 결국 돈을 많이 벌거나 받기 위해서 능력을 키워야 하고, 자기계발을 통해 자신의 가치를 지속적으로 향상시켜야 한다.

돈은 어떤 행위가 있은 후 그 행위의 대가로 따라오는 결과물이기 때문에 그의 행위와 행동이 적법해야 하고 법과 윤리적으로 저촉되지 않는 돈이어야 한다. 돈은 자신의 행위나 행동보다 앞설 수가 없는 것이고, 아무리 돈이 좋다 해도 법과 윤리에 어긋나는 것은 안 된다.

달리 말해서 뇌물로 받은 돈이거나 마약, 절도, 강도, 도박 따위로 돈을 갖는다 해도 아무런 가치가 없으므로 사막의 신기루와 같고 자기 자신을 파멸로 이끈다. 그러니까 돈을 인생의 목적으로 삼아서는 패가망신한다는 것이다.

이제 돈의 깊이를 생각해 보고 어떤 직업을 선택해서 어떤 조직에 뛰어들어 자기 꿈을 펼쳐나갈 것인지 되새겨 봐야 한다. 그리고 돈이 삶(인생)의 목적이 되어서는 안 된다. 삶(인생)을 살아가는 데 필요한 도구일 뿐이다.

부자와 가난한 자의 차이

재물을 나눈다면 많이 가진 사람은 부자이고 상대적으로 적게 가진 사람이 가난한 자일 것이다. 하지만 지금부터 재물의 많고 적음이 아닌 부자와 가난한 자의 이야기를 하려고 한다.

먼저 "부자는 무엇이든 하고 싶으면 언제라도 할 수 있고, 하기 싫으면 하지 않아도 된다." 반면에 "무엇이든 하고 싶어도 할 수가 없고 하기 싫어도 반드시 해야만 하는 것이 가난뱅이다."

나는 롯데그룹이라는 대기업에서 40년 넘는 긴 세월 동안 월급 생활을 했다. 하지만 마음으로는 항상 부자로 살아왔다고 자부한다. 기업은 사주(社主)라는 주주와 근로자라는 월급쟁이로 나눌 수 있다. 일반적으로 사주라는 주주(소액 주주들은 제외)는 부자다. 그들은 가진 자의 위치에 있는 사람들이니까. 그래서 하고 싶은 것은 무엇이든 할 수 있다. 마음 가는 대로 하고 싶으면 한다(물론 범법이나 사회통념적으로 문제가 없는 것을 전제 조건으로). 또한 힘들고 어려운 일은 하기 싫으면 하지 않는다. 그래도 별 문제가 없다.

그런데 근로자는 아주 다르다. 외국 여행 한 번 떠나려 해도 그 꿈을 이루기 위해 몇 년 계획을 세워 경비를 마련해야 하고 휴가를 얻어야 떠날 수 있다. 먹고 싶어도, 좋은 옷을 입고 싶어도 마음대로 할 수가 없다. 고가의 명품은 그림의 떡이다. 하기 싫은 일도 마땅히 해야만 된다. 이런 삶을 사는 사람은 직장 생활을 가난하게 하는 사람들이다.

내가 부자로 직장 생활을 마감한 것은 다름 아니다. 마음으로부터 진정 하고 싶어서 일을 했다. 언제나 한결같은 마음으로 일 그 자체를 즐기면서 했다. 해외여행이나 명품 따위는 처음부터 나와 어울리지 않는 것으로 치부해 버리고, 벽돌을 한 장 한 장 쌓아 고층 건물을 짓듯 무(無)에서 유(有)를 만들기 위해 술과 담배는 물론 커피마저 멀리하며 온 정성을 다해 적금과 저축에 올인했기에 마음은 언제나 여유롭고 부자였다.

그렇게 40년이란 세월을 한결같은 마음으로 생활한 결과 지금은 누구와도 견줄 수 없을 만큼 부자다. 여기 부자의 수학적 공식을 적는다. 누구든 자신이 부자인지 가난뱅이인지 검증해 보기 바란다.

가구의 총소득×나이/10 = 동년배의 2배 이상이면 부자, 50% 미만이면 가난뱅이(여기서 소득은 유산을 제외한 연봉, 이자소득, 임대소득 모두임)

모래밭에서도 싹을 틔울 수 있다

'조직'은 특정한 목적을 달성하기 위하여 여러 개체나 요소를 모아서 체계 있는 집단이라 하고, '기업'은 자본주의 사회에서 영리를 얻기 위하여 재화나 용역을 생산하고 판매하는 생산경제의 단위체라고 한다. 기업이라는 조직단위체 구성원의 일원으로서 느끼는 자각의식을 기업의식 또는 조직의식이라고 한다면, 이는 곧 '공동체 의식'이라고도 할 수 있다.

직장(회사)인이라면 누구나 기업은 분명 하나의 조직체이며, 기업조직의 목적이 영리를 추구하는 집단이라는 것을 분명히 알아야 한다. 기업의식이 강화되면 위기를 극복하는 공동 협력의 장이 마련되기 때문에 거시적이고 전체적인 가치규범을 몸에 익히게 되고 공동체 의식이 살아나게 된다.

하지만 단순한 직업의식만으로는 개인주의적 경향에서 이기주의로 흐를 가능성이 있다. 그래서 직장인은 투철한 직업의식으로 무장하되 반드시 기업(조직)의식이 몸에 배어 있어야 한다.

기업이 개인에 갖는 진정함은 무엇보다 개인의 생활 터전이 되는 장소이며 둘째, 개인의 다양한 욕구를 충족시켜 주며 셋째, 개인의 안정된 정서생활을 영위할 수 있는 곳이며, 마지막으로 개인의 성장과 꿈을 이루는, 즉 개인 삶의 공간이 되는 곳이라고 본다.

기업(직장)이라는 조직에 몸담고 있는 사람들은 이렇게 분명한 직업의식에다 기업(조직)의식으로 무장되어 있어야 자기 역할 공간을 넓히고 반드시 성공할 수 있다. 주위사람이나 환경을 탓하지 말고, 자신의 모자람을 보완하고 몸담고 있는 조직에 활력을 불어넣고 자신의 성공을 이룰 수 있는 깨어 있는 기업의식을 갖는다면 메마른 사막의 모래밭에서도 오아시스 같은 싹을 틔우게 될 것이다.

도산 안창호 선생께서 "훈련은 천재를 낳고, 신념은 기적을 이룬다"라고 말씀하셨다. 나는 도산 선생의 말씀을 평범한 보통 사람도 체계적이고 치밀한 전략 속에 반복적인 훈련을 하면 유능한 인재가 될 수 있다는 것으로 해석하고 싶다. 나아가 자신에 대한 강한 믿음을 가지면 기적을 이룰 수도 있는 것이라고 생각한다.

우리 남녀 양궁 팀이 올림픽대회에서 개인전과 단체전 금메달을 휩쓸게 되자 해외 언론들은 한민족의 혈맥 속에 활 쏘는 민족 DNA가 존재하는 것 아닌가라는 기사를 실었다고 한다. 하지만 한국 궁사들의 메달 획득은 결코 타고난 능력으로만 이루어진 것이 아닌 체계적이고 치밀한 전략과 뼈를 깎는 노력의 결과물이었다.

외국 선수들은 하루 100발 정도 연습을 하며, 일정한 직업이 있는 선수와 소속팀이 없는 선수의 경우에는 일주일에 하루 연습하는 수준이라고 한다. 이에 비해 우리나라 선수들은 하루 300~500발 이상, 올림픽 때는 1,000발씩 연습을 한다고 한다. 야간에 서치라이트까지 켜놓고 훈련을 했으며, 어느 선수는 밤에 공동묘지에서 혼자 촛불을 켜놓고 연습했다는 유명한 일화도 있다.

외국 선수들에 비하면 살인적인 훈련이다. 나아가 우리나라 궁사들은 상대가 잘못 쏘기를 기대하게 되면 집중력이 흐트러져 오히려 자기 점수가 나빠진다고 생각하여 경쟁자의 성적에 연연하지 않고 활쏘기에 집중하는 정신훈련을 받는다고 한다.

타인과의 경쟁이 아닌 나 자신을 이기겠다는 자세로 매일 1,000발의 활을 쏜 궁사들. 그들은 인생의 금메달리스트요 성공을 쟁취한 자들임에 틀림없다. 그래서 진정한 경쟁은 '타인과의 싸움이 아니고 자기 자신과 싸워서 이기는 것'이다. 우리 모두 끊임없는 훈련으로 자기 인생을 성공으로 이끄는 '인생의 금메달리스트'가 된다면 얼마나 좋겠는가. 이러한 사람들과 같이 메마른 모래밭에서도 새로운 싹을 틔울 수 있듯이 어떤 조직체에서도 살아남아 자신의 성공을 담보하게 될 것이다.

실패는 성공으로 보상받는다

지방에서 아주 탄탄한 중견 기업을 경영하고 있는 친구와 저녁을 먹으면서 나눈 사업 이야기가 마음에 남아 소개하려고 한다.

그도 나처럼 고등학교를 졸업하고 직장에 들어갔으나 직장 생활이 적성에 맞지 않아 일찍 접고 20대 초반에 친척과 자본금 1백만 원을 투자하여 사업을 시작했다. 그런데 얼마 못 가 부도를 내고 말았다고 한다. 고향의 가까운 친척이 정치활동을 하면서 자금이 부족하다며 2백만 원짜리 어음을 발행해 주면 결제일에 송금해 준다는 말을 믿고 어음을 발행했는데, 그 친척이 약속을 지키지 않아 어쩔 수 없이 부도를 내고 말았다는 것이다.

그런데 그 친구는 약속어음 2백만 원을 갚지 않은 친척을 원망하지 않고 은인으로 생각한다는 게 아닌가. 그 이유는 이렇다. 젊었을 때 금전거래로 인해 사업이 부도나고 50만 원짜리 전셋집을 압류당해 갓 태어난 어린아이를 데리고 3만 원짜리 사글세방으로 이사하면서 어떤 사람을 믿고 신뢰할 것인가를 일찍 터득하게 되어 오늘과 같은 사업 성공을 이루게 되었다는 것이다. 그러면서 그때 실패하지 않았다면 지금의 성공은 없었을 것이기에, 어음을 빌려가서 갚지 아니한 친척이 자기에게는 은인이라는 이야기였다.

대부분 실패를 한 경우 보통 사람들은 좌절하고 주저앉아 버리는데, 실패를 거울삼아 도전하면 반드시 성공할 수 있다는 메시지를 주는 게 아닌가. 이러한 생각의 밑바탕에는 자기 잘못을 뉘우치고 어려운 현실을 긍정적으로 받아들이는 마인드가 깔려 있는 것이다.

미국 항공우주국(NASA)은 우주 여행 중에 발생할 수 있는 다양한 도전을 극복할 충분한 능력을 가진 사람을 뽑기 위해서는 실수와 실패 경험이 필수라고 판단하고 우주비행사로 중대한 실패를 경험한 사람을 뽑는다고 한다. NASA가 아폴로 11호에 탑승할 우주비행사를 선발할 때 1단계 심사를 통과한 사람이 수천 명에 달했다. 그 다음 단계에서는 심각한 위기를 겪어 보지 않고 또 슬기롭게 실패를 극복한 경험이 없는 후보자들은 제외시켰다는 것이다.

일반적으로 생각하면 한 번도 실패를 겪지 않은 사람을 선발하는 것이 합리적으로 보이지만 NASA는 실패 경험이 있는 사람들을 선발했다. 한 번도 실패를 경험하지 않은 사람보다 실패를 경험하고 다시 일어선 사람이 더 강하고 뛰어난 사람이기에 우주비행사 채용 기준이 되었다는 것이다.

나 자신도 주변 사람들로부터 성공한 CEO로 인정을 받았지만 직장 생활에서 실수와 실패라고 할 수 있는 일들이 수없이 많았다. 직속 상사와의 마찰로 인한 돌이킬 수 없는 갈등, 업무 관리를 잘못하여 금전적 변상에 이르기까지 보통 직장인들이 겪는 실수와 실패를 많이 경험했다. 그러한 실수와 실패를 통해 똑같은 일을 반복하지 않음으로써 성공의 길에 이른 것이다.

　신이 아닌 이상 사람으로서 누구나 잘못을 저지를 수밖에 없다. 논어에 "과이불개(過而不改), 시위과의(是謂過矣)"라는 글귀가 있다. 즉 "진정한 잘못이란 잘못을 저지르고 올바로 고치지 않는 것이니 잘못을 저지르고 바르게 고치면 잘못이 아니다"라는 뜻이다. 사람은 실수와 실패를 통해서 자신이 성숙되어 가는 것이니 한순간의 실수와 실패에 좌절하지 말고 자신의 꿈을 향해 열정을 갖고 도전에 또 도전을 한다면 반드시 이루어진다.

스스로 잘못을 고치면 잘못이 아니다

오래전 부산광역시에서 집안에 있던 여중생을 납치하여 성폭행하고 살해한 피의자가 검거되자, 언론들은 그의 출생과 성장과정에 대해 비교적 상세하게 기사를 썼다. 나는 그 기사를 접하고 마음이 조금 상했다. 낳아 준 부모가 누구인지도 모르고 길에 버려져 있는 그를 양부모가 데려다 금지옥엽 키웠건만, 어느 날 친부모가 아니라는 것을 알면서부터 성격이 비뚤어져 학교를 중퇴하고 이리저리 방황하다가 범죄를 저지르고 교도소를 드나들게 되었다는 내용이었다. 직설적인 표현은 아니었지만 친부모가 아닌 양부모 밑에서 성장하게 된 환경이 범죄자를 만든 것 같은 느낌이 들게 한 기사였기에 말이다.

이 세상에 자신을 낳아 준 부모를 모르고 양부모 밑에서 혹은 보육원에서 성장한 수많은 고아들이 친부모 슬하에서 성장한 사람과 아무런 차이점 없이 자기 위치에서 당당하고 떳떳한 주인공으로 살아가고 있다는 것을 알고 있기 때문이다.

친부모 밑에서 유복하게 성장한 사람도 흉악범이 되는 경우도 있을 수 있다. 환경이 나빠서 흉악범이 된 것같이 과거 일들을 들춰 내어 길에 버려진 그를 데려다 친자식같이 키운 양부모의 심정이 어떨까 하는 생각과, 그와 같이 보육원이나 양부모 밑에서 자라고 있는 수많은 아이들의 생각은 또 어떨까 하는 마음이 들었기에 더욱 충격적으로 느껴졌었다.

수련(睡蓮)을 보라. 오염된 시궁창에서도 아름답고 화려하게 피어나는 연꽃을 보라. 연꽃은 더러운 오물을 말끔히 떨쳐 버리고 아름답고 고고한 자태를 만천하에 뽐내며 마지막에는 모든 것을 인간에게 제공하고 생을 마친다. 자신을 에워싼 환경은 아무런 문제도 없다는 것을 증명이라도 하듯이.

흔히들 사람은 환경의 지배를 받는다고 한다. 하지만 성공한 사람은 환경에 지배당하지 않고 환경을 극복하고 일어선 사람들이다. 순간적으로 누구나 크고 작은 잘못을 저지를 수 있다. 따라서 잘못을 타인에게 전가시켜서는 안 된다. 사람들은 보통 자기 잘못을 인정하려 들지 않는다. 하지만 자기 잘못을 인정하고 뉘우치고 고치게 됨으로써 성공의 반열에 오르는 것이다.

세상 모든 사람은 누구를 막론하고 잘못을 저지르게 되어 있다. 그러나 자기 잘못을 알고 고치지 않는 것이 잘못이다. 바꾸어 말하자면 누구나 잘못을 저지르기 때문에 스스로 잘못을 고치면 잘못이 아니라는 뜻이다.

어떤 모임이든 항상 앞자리에 앉아라

광주카네기클럽 강연을 다녀왔다. 처음에 강연 요청을 받고 광주와 가까운 거리에 있는 포스코 광양제철소를 떠올리면서 철강왕 앤드류 카네기(Andrew Carnegie)와 같은 경영자가 되기 위해 결성된 단체로 생각했다.

오래전부터 앤드류 카네기의 경영철학에 관한 서적을 읽고 나 자신도 경영 바탕은 카네기의 이념을 따라야겠다는 마음을 갖고 있었다. 며칠 동안 강연 자료를 만들어 메일로 송부했더니 광주카네기클럽 김희봉 회장으로부터 날아온 메일의 내용은 뜻밖에도 자기들은 평생학습을 통해 보다 수준 높은 경영 활동을 펼쳐 나가기 위해 데일 카네기(Dale Carnegie)의 학습 모델에 따라 결성된 단체라는 것이었다. 순간 당황했지만 앤드류 카네기나 데일 카네기의 성공이론은 공통점이 많아 큰 문제는 아니었다.

미국 작가 로버트 풀검이 일찍이 "내가 정말 알아야 할 모든 것은 유치원에서 다 배웠다"라고 말했듯이 우리가 살아가면서 지식이 모자라 못하는 일들보다 이미 알고 있으면서 실천과 실행을 하지 못하는 것이 문제가 아닐까 싶다. 광주카네기클럽의 결성 목적도 평생학습을 통한 학습효과를 갖는다는 의미로 생각되어 정말 좋은 단체라는 느낌을 갖고 강연에 임하게 되었다.

광명역에서 오후 1시 54분 KTX를 타고 광주에 도착하니 오후 4시 40분이었다. 마중 나온 장진규 사장과 함께 강연 장소로 이동하면서 세상을 어떻게 살아야 더 질 높은 삶이 될까, 잠깐 생각을 정리했다.

강연장 옆 식당에서 김희봉 회장과 함께 이른 저녁식사를 하고 6시 20분경 강연장에 들어서니, 오후 7시부터 강연이 시작되기 전에 톱연주가 장승일 씨가 연주를 하고 있었다. 톱은 도구로 쓰면 나무를 자를 수 있고, 나쁘게 쓰면 흉기가 될 수 있는데 어떻게 톱을 악기로 사용한단 말인가? 그가 톱을 악기로 연주하기 위해 3,000번 이상 연습해 겨우 한 곡을 완성했다는 설명에 숙연한 마음이 들었다. "천재도 노력하는 자를 당할 수 없고, 아무리 노력하는 자도 자신의 일을 즐기는 자는 못 당한다"는 말이 떠올랐다.

지금까지 수많은 강연을 다녔지만 사람들의 표정이 모두 밝고 서로 대하는 모습이 정말 인상적이었다. 고등학교, 대학교, 일반 기업체, 상공회의소, 전국경제인연합회 등 강연을 하러 갔을 때 항상 맨 앞자리는 비어 있었는데, 그날은 특히 젊은이들이 앞자리에 앉아 있는 모습이 더욱 인상적이었다. 앤드류 카네기가 "어떤 모임이든 항상 앞자리에 앉아라" 한 말이 떠올랐다.

어느 모임이든 소극적이고 자기 존재가 있는지 없는지도 모르게 뒷자리에 앉는 사람이 많다. 앞자리에 앉아 긍정적인 자세로 강사와 눈을 마주치면서 강의 내용을 귀담아 듣는 것이 중요하다.

나는 어느 장소에 가든 뒷자리에 앉는 법이 없다. 그리고 모임을 이끌어 나가는 지휘자(강연이든 어떤 교육이든)의 말을 경청하고 메모해 두었다가 나의 경험으로 만들었다.

광주카네기클럽 회원들의 모습을 통해 희망의 광주를 다시 느끼게 되어 정말 보람 있는 강연이었다.

올바른 결정을 내리는 습관

최고경영자가 의사결정을 내릴 때 판단 기준을 어디에 두어야 하는가? CEO는 순간순간 의사결정을 해야 한다. "법관은 판결로 말한다"는 말을 인용하는 것이 무리일지 모르겠으나, 기업 경영자는 "문서로 말한다"는 생각이다.

법관은 공개된 재판정에서 원고와 피고의 주장, 증인의 증언, 재판 관련 문서 등을 취합하여 무엇이 옳은 것인가를 찾아내어 판결문으로 결론을 내린다. 당사자의 일방적인 주장에 경도되거나 개별적 만남을 절대 하지 않는 것으로 알고 있다.

기업에서는 담당자가 작성한 서류를 간부와 임원이 결재, 승인한 후 서류를 들고 최고경영자를 대면하여 일방적인 설명을 하고 듣는 것이 관행이다. 소위 결재를 받는 형식으로 몇 마디 구두설명을 갖다붙이면 서류 검토 없이 그대로 사인해 버리는 최고경영자를 많이 보았다.

그런데 나는 10년 이상 단 한 번도 관리자나 중역이 사장실로 서류를 직접 들고 와서 결재받는 것을 허락지 않았다. 모든 서류를 비서로 하여금 책상 위에 올려놓도록 한 후 조목조목 검토한 후 결론을 내리는 방법을 취했다. 대면 결재방식을 마다하고 '서면결재' 방식을 택한 것은 편견을 없애기 위함이었다.

사람은 누구나 좋아하는 사람과 싫어하는 사람이 있다. 서류를 직접 들고 들어온 간부나 임원이 자기가 좋아하는 경우와 반대의 경우에 동일한 문서일지라도 다른 판단을 내릴 수 있기 때문이다.

문서를 작성하지 않고 구두보고를 해도 문제 없지 않을까?
이 일을 하기 위해 꼭 이렇게 문서를 작성해야만 하는가?
이 일을 함에 있어 예상되는 문제는 어떤 것이 있을까?
이 일을 하지 않았을 때 발생되는 문제점은 어떤 것일까?
이 일을 하는 데 소요되는 시간은 얼마나 될까?
이 일을 하는 데 들어가는 기회비용은 얼마나 될까?
이 일을 진행함으로써 다른 일들과 연관성은 없을까?

모든 것을 꼼꼼하게 따져본 후 일의 본질에 따른 사실관계를 정확히 파악하고 나서 의사결정을 내렸기 때문에 실수나 실패를 줄일 수 있었다. 달리 말하면 사실을 사실대로 파악해서 의사결정을 내린다는 것이다.

의사결정의 판단 기준을 누가 옳은 것이냐가 아니라 무엇이 옳은 것인지 그 일의 사안에 맞추어 정확하게 따져 사실관계를 찾아내는 지혜가 필요하다는 생각이다. 조직 공동의 목표를 향해 함께 가는 구성원들은 옳고 그름의 판단 기준을 정확하게 설정하고 무엇이 옳은 것인가의 본질을 명확히 파악하고 올바른 결정을 내리는 습관을 길러야 한다.

옳고 그름의 기준 차이

2010년 2월 캐나다 밴쿠버 동계올림픽에서 우리나라는 금메달 6개, 은메달 6개, 동메달 2개 등 총 14개의 메달을 획득하고 세계 5위라는 위업을 달성하였다. 참가한 모든 선수들이 정말 장하고 이 시대의 영웅들이다. 그들의 땀과 열정이 국격을 높이고 우리 국민의 자긍심을 높여 주었다.

다만 여자 쇼트트랙 3,000m 계주에서 우리나라 선수가 1위로 결승선을 통과한 후 금메달 획득의 기쁨도 잠시, 반칙 판정으로 물거품이 되는 광경을 보고 세상의 모든 일이 옳고 그름의 기준이 무엇일까라는 아쉬운 생각에 넋두리를 늘어놓으려 한다.

주심 제임스 후이시는 우리나라 김민정 선수와 중국 쑨린린 선수의 신체 접촉을 고의적인 반칙으로 판정, 김민정 선수에게 임피딩(impeding) 반칙으로 실격을 선언했다. 나는 쇼트트랙의 경기규칙을 잘 모른다. impeding이라는 반칙은 경기 도중 손이나 몸으로 상대선수의 추월을 막는 행위를 뜻하는 모양인데, 쇼트트랙의 좁은 공간에서 서로 좋은 위치를 차지하기 위해 자리다툼을 벌이다 신체 접촉이 있음은 경기를 통해 보아왔다. 여기서 신체 접촉이 고의성이냐 아니냐의 기준을 주심의 주관적인 판단에 따르는 것이 문제라면 문제였다.

2002년 2월 미국 솔트레이크시티 동계올림픽 때 우리나라 김동성 선수가 뒤따라 오던 미국의 안톤 오노 선수의 진로를 고의로 막았다며 임피딩 반칙 판정을 내린 주심이 바로 제임스 후이시였다.

이렇게 객관적인 기준 없이 주관적인 관점에 의존하는 경우 무서운 결과를 가져오는 사례가 우리 주변에서도 많이 발생한다.

법륜 스님의 저서 《행복한 출근길》에 이런 글이 있다.

"여기 산이 하나 있습니다. 산 오른쪽에 사는 사람에게는 이 산이 서산(西山)이 됩니다. 그런데 산 왼쪽에 사는 사람들에게는 그 산이 동산(東山)이 됩니다. 사람들은 자기 입장에서 사물을 바라보기 때문에 그렇습니다. 동산이라고 말하는 사람은 자기만 그렇게 말하는 것이 아니고 그 마을 사람들이 다 그렇게 말한다는 것입니다. '마을 사람들이 다 그렇게 말한다'는 것은 자신의 말이 옳다고 주장하는 것입니다. 다수의 의견을 통해 자신의 주관을 객관화시키고 있습니다."

산은 분명 똑같은 산인데 자신이 바라보는 기준에 따라 동산과 서산으로 이름이 달라지는 것이다. 동산 쪽에 살다가 서산 쪽으로 이사를 가면 같은 산인데 서산이라고 부르게 되지 않을까? 산은 변함없이 그대로인데 자신이 바라보는 기준이 다르기 때문에. 옳고 그름의 기준이 자기 위치와 소속 집단의 입장에 따라 달라질 수 있다는 사실이다.

법륜 스님은 "옳다 그르다는 본래 없다"고 했다. 그래서 화가 날 때는 "내가 또 나를 고집하는구나. 내 생각만 옳다고 여기고 있구나" 하고 돌이켜 생각하라고 했다. 보통 화를 내는 경우 "내가 옳고 상대가 잘못됐다"고 생각할 때이고 '옳고 그름'의 판단에 집착하지 않으면 화를 참을 수 있다고 한다.

법륜 스님의 말씀에 공감하면서도 분을 삭이기에는 수양이 부족해서인지 며칠 동안 속앓이를 해야만 했다. 내 심정도 이러한데 어린 선수들의 마음은 어땠을까?

4년 동안 고된 훈련을 이겨 낸 선수는 분을 삭일 수 없을 만큼 가슴의 멍울이 크리라는 생각이 든다. 비록 주심의 판정 실수로 메달은 놓쳤지만(사실 주심의 판정 실수로 메달을 도둑맞은 것임) 계주 대표팀은 진정한 승리자요 영웅이며 금메달리스트들임에 틀림없다.

옳고 그르다는 기준은 자신이 처한 위치와 입장, 시간에 따라 달라질 수 있는 것이라지만, 이렇듯 옳고 그름의 판단 기준을 어떤 상황이나 때에 따라서 달리할 것이 아니라 사실에 근거하여 잘못된 판단을 하지 않아야 하는 것이다.

제7장
경험보다 더 소중한
스승은 없다

사려 깊은 관심과 관찰 | 소통 문화가 제자리를 찾으려면 | 원칙과 기본에 충실한 삶 | 마케팅과 행운의 사과 | 세상에서 제일 어려운 일 | 생자필멸(生者必滅)은 진리 | 청바지 하나만으로도 | 나는 분명 이 시대의 문맹인이다 | 못해 본 것들을 찾아서 | 사랑의 청단풍 | 내가 고속버스 보너스로 바뀌었다 | 믿음(신의)이라는 두 글자 | 경험보다 더 소중한 스승은 없다 | 어린 손자 녀석의 자존심 타령 | 내 자신이 한계상황일 때 믿음과 신뢰는 사치일까? | 내려놓으니 비로소 세상이 보인다

사려 깊은 관심과 관찰

나는 직장에서 일을 대충하는 직원들이, 그렇게 일을 관심 없이 하니까 나쁜 결과가 초래되었다며 상사에게 핀잔을 듣는 경우를 종종 보았다. 직장 일이 계속 반복되는 것이 많기 때문에 습관적으로 일을 하다 보면 그렇게 될 수도 있겠다는 생각에 핀잔을 듣는 직원이 안돼 보이기도 했다. 특히 단순 제조업체 생산 현장에서 일하는 직원들이 습관적으로 일을 하는 것이 사실이기도 하다.

관심이란 어떤 것에 마음이 끌려 주의를 기울이는 것인데, 잘못 습관화되면 그 습관을 바꾸기가 여간 어려운 것이 아니다. 그러나 일을 하기 전에 조금만 그 일에 관심을 기울이면 본래의 목적에 맞게 일을 할 수 있다.

그래서 사물이나 현상을 바라볼 때 역시 관심 못지않게 어떤 자세로 관찰하는가가 대단히 중요하다는 것을 일깨워 주는 '사랑은'이라는 시를 소개한다.

사랑은

종은 누가 그걸 울리기 전에는
종이 아니다.
노래는 누가 그걸 부르기 전에는
노래가 아니다.
당신의 마음속에 있는 사랑도
한쪽으로 치워 놓아선 안 된다.
사랑은 주기 전에는
사랑이 아니니까.

　　　　　　　　　　- 오스카 해머스타인

초등학교 때 담임선생님으로부터 곤충을 관찰해 오라는 숙제를 받은 기억이 생생하다. 사실 초등학교 시절의 관찰이란 그저 눈으로 보고 눈앞에 놓인 그 상태를 보는 게 전부였다. 그래서 매미, 나비, 잠자리 등을 잡아 머리, 가슴, 배로 삼등분하여 머리는 어떻고, 가슴은, 배는 어떤가를 그저 눈으로 보고 손으로 만져보는 수준이었다.

이 시를 읽으면서 관찰이란 사물이나 현상을 주의하여 자세히 살펴보는 것인데 관심 못지않게 어떤 사물이나 일을 접할 때 그 현상에 대해 본질은 무엇이며 본래의 목적이 무엇일까를 한 번쯤 살펴보는 것이 대단히 중요하다는 것을 알게 되었다.

사실 이 시를 접하기 전에 크고 무거운 종을 수없이 보았지만 그 종을 울려야 종이라는 생각은 하지 못했다.

노래 가사도 역시 누가 불러야 노래가 된다는 생각을 못했다. 사랑이라는 단어 역시 눈만 뜨면 사랑타령이고 세상에 온갖 것이 사랑으로 덮여 있지만 진정 주기 전에는 사랑이 존재하지 않는다는 것을 생각지 못하고 살아왔다. 어쩌면 눈앞에 전개되는 현상들을 겉으로만 바라보고 살았다고 할까? 변명을 하자면 여유가 없어 바쁘게 인생을 살았다고 할까? 특별히 직무와 관련 없는 것들에 대해서는 더더욱 그러했다.

하지만 직장에서 은퇴한 후 생활과 특별히 관련 없는 분야까지도 세심하게 관찰하고 관심을 갖게 되었다. 이러한 현상들이 모든 것을 내려놓고 마음을 비우니까 비로소 보이는 것들이다.

관찰력은 단순히 사물이나 현상을 주의하여 자세히 살펴보는 능력이지만, 거기에 더하여 어떤 대상을 두고 두루 생각하는 일이나 또는 그 대상물의 개념이나 구성, 판단, 추리 따위를 행하는 이성 작용인 사유(思惟)와 겹치는 것이 관찰력이라는 생각이다. 현직에 있을 때 경영 전반에 걸쳐 이러한 관심과 관찰력이 뛰어났더라면 몇 갑절을 뛰어넘는 발전을 이룩하지 않았을까 하는 부질없는 생각도 가끔 해 본다.

어느 책에서 읽은 구절이 생각난다. 가장 불쌍한 사람은 버려진 사람이요, 잊혀진 사람이라기보다 관심의 대상이 아닌 사람이 더 불쌍하다는 것이다. 우리 일상생활 주위에서 일어나는 크고 작은 일들에 대해 깊은 관심을 갖고 주의 깊게 관찰하면서 사고의 폭을 넓혀 가는 삶(인생)이 중요하다는 생각이 든다.

소통 문화가 제자리를 찾으려면

    살아가면서 자신의 생각과 타인의 생각 차이로 불편함을 느끼게 되는 경우가 많을 것이다. 의사소통이 잘못 되어 일어나는 경우와 사소하고 작은 약속을 지키지 않음으로써 발생하는 사례들일 것이다.

    가끔 지하철과 KTX를 이용하는데, 계단과 복도 등에 '우측 보행'이라는 글자와 화살표를 표시해 두었는데도 오가는 사람들이 어깨를 부딪치기 일쑤다. 좌측 보행이 우측 보행으로 바뀐 지 10여 년이 지났어도 습관을 바꾸지 않기 때문이다.

    때때로 약속을 지키지 않아서 일어나는 작은 문제들과 같이 국가정책도 국민과 의사소통이 잘 되지 않아 국민 전체가 불편해하고 올바른 정책도 실효성을 거두지 못하는 경우가 있다. 그래서 요즘 정치권에서도 국민과 소통이 잘 이루어지지 않는다는 것이 화두가 되고 있다.

    나는 소통이 잘 되려면 무엇보다 권위의식을 버리고 상대를 존중하면서 수평적 사고방식으로 접근해야 의사소통이 자연스럽게 이루어진다고 생각한다. 나 역시 기업 경영자로서 수많은 근로자들에게 나의 생각과 일의 방향(흔히 정책이라고 하지만)을 제시하곤 했지만, 모든 일은 근로자들이 하는 것이고 내가 직접 할 수 있는 것은 아무것도 없다는 사실을 알고 있었다. 어떻게 하면 근로자들이 나의 생각을 이해하고 따라줄 것인가를 참 많이 고민했다.

나는 경영자 자리에 오르기 이전부터 근로자들과 도시락을 함께 먹으면서 대화와 토론을 통해 그들을 이해하고 나의 생각을 전하고 설득하는 방식을 통해 좋은 결과를 얻었던 경험이 있다. 그래서 대표이사가 된 이후에도 지속적으로 도시락 미팅을 했다.

사람들은 배고플 때 식사를 하게 되면 행복해하면서 다른 잡념이 없어진다. 특히 직위가 높은 사람이 아랫사람과 식사를 같이 하면 우선 동질감이 생긴다. 그러기에 밥을 함께 먹으면서 이야기를 나누면 속 깊은 이야기들도 거침없이 하게 된다.

흔히 수평적 사고니 수직적 사고니 하는 말들을 많이 하는데, 사회적 신분이나 직위가 높아지면 자신도 모르게 권위적인 사람이 된다는 것을 잘 모르는 것 같아 안타깝다. 권위와 권위의식은 엄격히 다른 것임에도 지위나 직책(특히 권력이나 힘이 센)이 높아지면 시쳇말로 개구리 올챙이 시절 모르는 것처럼 낮은 자세가 잘 되지 않는다.

어디를 가든 상석에 앉으려 하고 아랫사람에게 하는 말투며 자기 직위와 직책에 따른 예우를 받으려는 습관이 몸에 배어 있다. 쉽게 말하면 사장이라는 자리에 오르면 기사나 비서와 같이 식사를 하지 않는 게 보통이다. 그리고 일반직원이나 하위계층의 관리자와 자리를 함께하는 경우가 아주 드물다.

관료사회도 마찬가지라는 생각이다. 대통령에서부터 9급 공무원에 이르기까지 계급(직위와 직책)이 엄연히 존재한다. 대통령의 국가정책이

해당 부서 장관에게, 장관은 다시 자기 부서 아랫사람을 통해 국민에게 소상하게 전달되고 소통이 잘 되어야 그 정책이 성공적으로 이루어지게 마련인데, 부서 내의 의사소통도 잘 이루어지기 어려운데 국민과의 의사소통이란 대단히 어려운 일이다. 정치인은 표를 얻기 위해 선거철이 되면 국민 앞에 나와 머리를 조아리며 국민의 머슴이 되겠다고 수없이 외치지만, 일단 당선이 되고 나면 언제 그랬냐는 듯이 기세등등한 게 보통이다.

만국의 공통 언어가 웃음 띤 얼굴이라는 말이 있다. 외국어를 한마디도 못 하는 할머니와 어떤 외국인이 버스정류장에서 버스를 기다리고 있었다. 때마침 버스가 다가오자 할머니가 "온데이"라고 하자, 외국인이 "What day?"라고 답했다. 그러자 할머니는 웃으면서 "버스데이"라고 답했다. 그러자 외국인은 "Happy Birthday" 하며 웃었단다.

이렇게 외국어를 모르는 할머니와 한국어를 잘 모르는 외국인이 같은 버스를 타고 각자의 목적지로 향했지만, 낯선 사람일지라도 웃는 얼굴로 대한다면 만국의 공통 언어로 의사소통(?)이 될 수 있는 것이다.

소통의 문화가 제자리를 찾으려면 무엇보다 수평적 사고방식과 함께 상대를 존중하고 배려하면서 낮은 자세로 마음을 열어야 한다. 그리고 이해와 설득이 필수 요소가 아닐까 하는 생각이 든다.

원칙과 기본에 충실한 삶

우리가 살아가면서 주인형으로 살 것인가, 아니면 노예와 같은 머슴형의 삶을 살 것인가?

지금은 농촌에서 일당을 받고 다른 사람의 농사일을 돕는 일용직 근로 형태지만, 내가 어렸을 때는 농사일과 가사를 돕고 그 대가로 밥과 술, 담배 등을 제공받고 일정한 새경을 받는 머슴이 있었다. 하지만 하루 일의 양이나 질적인 면에서 보면 어린 내가 하는 수준을 조금 웃도는 정도에 불과했다. 머슴이란 주인 밑에서 노동을 해야 하는 얽매인 삶을 사는 사람이기에 그러했으리란 생각이다.

그러니 항상 주인의 눈치를 살피고 모든 부분에서 언제나 수동적이고 주인의 지시가 없으면 일을 하지 않았다. 자율이나 자립이라는 단어는 아예 어울리지도 않고 공동체 의식 따위는 상상도 할 수 없었다.

급격한 산업사회로 탈바꿈한 오늘날 옛날 같은 머슴은 없다. 대신 매일 출근해서 일하는 직장이라는 곳이 있을 뿐이다. 그런데 수많은 직장인들이 매일 반복되다시피 하는 업무의 기본과 원칙에 충실하지 못하고 주인의 눈치나 살피면서 수동적으로 월급 나오기만 기다리는 사람이 많다는 것이 안타까울 뿐이다.

나의 어머니는 가냘픈 여자임에도 불구하고 주인의 위치에서 항상 원칙과 기본을 강조하면서 일을 하셨다. 자신의 문제와 운명을 스스로 해결하고 개척해 나가는 매우 자주적이고 자립적인 분이었으며, 아껴 저축한 돈으로 농토를 넓히고 더 나은 삶에 대한 강한 성취 욕구를 갖고 계셨다.

또한 자식들의 미래를 걱정하면서 진취적인 자세로 언제나 솔선수범하여 자기 책임을 다하는 삶을 통해 자식들의 본이 되신 모습은 성공의 표본이었다. 내가 40여 년 직장 생활에서 비교적 성공을 이루게 된 것도 따지고 보면 기본과 원칙에 충실한 삶을 살라는 어머니의 산교육이 바탕이 되었다.

어떤 행동이나 이론에서 일관되게 지켜야 하는 기본적인 규칙이나 법칙을 우리는 원칙이라고 한다. 그리고 어떤 사물이나 현상, 이론, 시설의 기초와 근본이 되는 것을 기본이라고 한다. 그래서 무슨 일이든 원칙과 기본에 충실하면 세상일은 모두 잘 되게 되어 있다. 이렇게 원칙을 중히 여기고 기본에 충실한 삶을 살았기에 성공한 사람들은 바로 스스로 주인이 된 사람들이다.

나는 버스를 타거나 지하철을 타고 다녀도 불편함이나 부족함을 느끼지 않는다. 내 삶을 내가 주도적으로 살아간다는 확고한 신념이 자리 잡고 있기 때문이다. 7년 동안 멘토링을 하면서 '좋은 습관은 성공의 바탕, 삶(인생)은 자기주도로'라고 써서 주기도 했다.

원칙과 기본에 충실한 자기주도적인 삶의 특징은 다음과 같다.

- 자기쇄신을 위해 항상 연구하며 노력하고 게으름이 없다.
- 어떤 일이든지 항상 긍정적으로 받아들인다.
- 차이로 인한 차별을 경쟁을 통해서 극복한다.
- 주변 사람들에게 물질이든 비물질이든 나눔(서비스) 지향적 삶을 산다.
- 자신의 목표(꿈)를 향해 언제나 절제된 삶을 산다.
- 경쟁은 필수적이고 언제나 열정으로 가득한 도전의 장으로 만든다.
- 주변 사람을 믿고 협력과 협조적인 삶을 살게 된다.
- 자신의 잠재능력을 일깨우기 위해 끊임없이 배운다.

마케팅과 행운의 사과

며칠 전 예전에 함께 근무했던 여직원이 10년간 직장 생활을 하면서 단 한 번도 경험하지 못한 판매전략을 수립하라는 상사의 지시를 받았다며 전화로 판매촉진 마케팅을 어떻게 구사해야 하는지 질문해 왔다.

직장 생활을 하면서 누구나 경험해 보았겠지만 어느 날 자신도 모르는 사이에 소속부서가 달라지면 가슴이 덜컹 내려앉는 느낌이 들 것이다. 왜 그럴까? 다름 아닌 변화에 따른 두려움 때문이다.

세상에 존재하는 모든 것은 변하게 되어 있다. 새로운 것의 등장으로 기존의 것은 도태되고 발전이든 퇴보든 분명히 변화는 일어나게 된다. 그 변화의 과정에는 반드시 리스크가 따르게 되는데, 사람들은 그 리스크 때문에 변화를 두려워하는지도 모른다.

'창의'라는 말도 비슷하다는 생각이다. 새로운 것을 찾아서 일할 때 반드시 성공하리라는 보장이 없다. 어쩌면 새롭게 일을 하다 보면 성공보다 실패를 더 많이 하게 될지도 모르고, 기존의 방법보다 더 많은 노력을 기울이게 됨은 말할 필요도 없다. 그래서 창의적인 삶을 살고 싶다면 실수에 대한 두려움부터 버려야 한다는 말도 있다. 특히 조직 생활에서 실수를 하게 되면 회복하기가 힘들기 때문에 기존 방식으로 습관적으로 일을 하게 되는 것이다. 그러니 여직원이 단 한 번도 해 보지 않은 판매전략 수립을 지시받았다면 분명 난감할 것이다. 그래서 일본 아오모리 현의 '행운의 사과' 이야기를 들려 주었다.

여름철 가뭄과 장마를 잘 이겨내고 가을 수확기에 접어든 사과를 수확하기 며칠 전 태풍이 불어 90% 이상 떨어지고 10%도 남지 않았는데, 그 사과마저도 모양이 예쁘지 않아 판로가 막막했다. 그때 한 농부가 기발한 아이디어를 냈다. "시속 400km가 넘는 태풍에도 떨어지지 않은 사과다. 진학을 준비하는 수험생, 각종 시험을 준비하는 고시생들, 직장을 구하고자 하는 젊은이들이 이 사과를 먹으면 절대로 시험에 떨어지지 않는다는 슬로건을 내걸면 어떨까?" 그래서 '행운의 사과'로 명명해서 시장에 내놓았더니 비싼 값에 날개 돋친 듯 팔려나갔다.

일반 사과에 태풍을 이겨낸 '행운의 사과'라는 이름을 접목시켜 대박을 터뜨린 것이다. 이렇게 상품 생산과정이나 주위에서 일어나는 일들을 사실에 착안해서 잘 응용하면 그것이 어쩌면 창의적이고 변화를 일으켜 창조적인 것이 된다. 그러니 변화와 창의를 너무 두려워할 것이 아니라 일상에서 일어나는 사실을 직시하고 긍정적으로 받아들이면 좋은 결과가 있을 거라고 말해 주었다. 그 여직원이 제안한 판매촉진 마케팅이 꼭 성공했으면 하는 바람이다.

세상에서 제일 어려운 일

나는 초등학교부터 중·고등학교에 다니는 손자손녀가 넷 있다.

어느 날 저녁 막내 손녀가 제안을 했다. 자기가 수수께끼를 낼 테니 할아버지가 맞히면 그만이고, 못 맞히면 맛있는 것을 사주셔야 한다면서 "세상에서 제일 어려운 일이 뭐게요?"라고 물었다.

사회 통념적으로 '어렵다'고 생각하는 일은 아닐 거라고 지레짐작하고 보니 답이 얼른 떠오르지 않았다. 너처럼 학교에 다니는 일도 어려운 일이고, 추운 겨울에 밖에서 하는 일, 무더운 여름철에 농촌에서 농부가 하는 일, 지하 굉도에서 석탄을 캐는 일, 용광로에서 쇳물을 녹이는 일, 강풍이 몰아치고 영하 40~50도가 넘는 높은 산에 오르는 것 등 별별 일들을 나열했더니 모두 아니란다.

어린 아이가 질문하는 것치고 너무 어렵다 싶어 하는 수 없이 힌트를 달라고 하니까, 우리 주변에서 많이 일어나는 일이란다. 아무리 생각해도 아이가 질문한 어려운 일이 무엇인지 떠오르지 않아 할아버지가 못 맞히겠으니 차라리 맛있는 것을 사주기로 하고 답을 알려 달라고 했더니 '칼로 물 베기'란다.

그러고는 한 문제를 더 내는 게 아닌가. "다 자랐는데 자꾸 자라라고 하는 게 뭔가요?" 하기에 "자라 아니니?" 하니까 "할아버지, 어떻게 아셨어요?" 한다. 하천이나 연못 등에 사는 자라는 크든 아니든 이름이 자라이니까 다 자란 어미가 되어도 '자라'라고 한다는 설명을 곁들이는 아이가 참 신기해 보였다. 손녀아이와 수수께끼놀이를 하다 문득 어릴 적 생각이 떠올랐다.

홀어머니 슬하에서 자라면서 먹을 것은 늘 부족하고 농사짓는 일은 힘겨워 때로는 형제간에 다툼이 일기도 했다. 그때마다 어머니는 콩 한 조각이라도 나누어 먹는 우애를 다져야 하고 '형제간의 싸움은 칼로 물 베기'다, 칼로 물을 아무리 나누려고 베어 보았자 제자리로 복원되는 원리를 말씀하시면서 형제가 다투더라도 형이 먼저, 아우 먼저 가릴 것 없이 서로 양보하면서 의좋은 형제가 되어야 한다는 교훈을 수없이 들려주셨던 기억이 났다. 그런 어머니의 산 교훈을 통해 우리 육 남매는 의좋게 자랐다.

60여 년 전 어머니께서 일러 주셨던 '칼로 물 베기'라는 속담을 손자손녀와 마주 앉아 되뇌이게 될 줄은 꿈에도 생각지 못했는데, 오랜만에 흐뭇한 저녁시간이 되었다.

내가 아들딸을 낳아 기를 때는 직장 생활에 매어 지금 같은 추억을 쌓지 못했다. 은퇴 이후 모든 것을 내려놓고 나니 손자손녀들을 바라보면서 비로소 보이는 것들이 하나둘 늘어가니 행복하다는 생각이 든다.

생자필멸(生者必滅)은 진리

신문도 TV도 인터넷도 접속되지 않는 지구 구석진 곳에서 조용히 연말연시를 보내고 있는데, 새해 벽두에 가까운 친지의 타계 소식을 듣고 비행기 티켓을 구하지 못해 장례식에 참석하지 못했다. 또 며칠 후 귀국해서 여독이 풀리기도 전에 아침운동을 하고 있는데 전화벨이 울렸다. 옛 직장 동료가 세상을 떠났다는 비보였다.

생사필멸, 지구상에 존재하는 모든 생명체는 언젠가는 반드시 죽는다.

산 자는 반드시 죽음에 이른다는 단순한 진리를 알고 있음에도 아직 세상을 뜨기에는 너무 아까운 나이라서 급히 빈소를 찾았다. 아들 둘은 모두 군복무를 마치고 대학을 졸업했지만 아직 취업도 결혼도 하기 전이니 남아 있는 부인의 짐이 너무 무겁겠다는 생각이 들었다.

세상을 떠난 이와의 첫 만남은 그가 옛 경기은행 입행시험에서 수석을 하고도 금융기관이 적성에 맞지 않는다고 과감하게 사표를 던지고 롯데그룹에 다시 신입사원으로 입사하여 나의 부하 직원으로 들어오면서부터다. 그는 깔끔한 성격에 용모도 훤칠하여 많은 여성들로부터 인기를 독차지했다. 선천적으로 타고난 올바른 성격에다 불의와 타협을 할 줄 모르고, 부당한 상사의 입맛에 맞추지 않는 올곧은 인물이었다. 글씨를 잘 쓸 뿐만 아니라 어떤 어려운 일도 지시를 내리면 반드시 해내는 책임감이 강한 직원이었기에 나는 그를 가까이 두고 오래도록 함께 근무하고 싶었다. 하지만 다른 곳으로 전출을 가게 되어 서로 헤어졌지만 40년 가까이 업무 관계는 말할 것도 없고 업무 외적인 인생살이도 서로 의논하면서 인생을 공유하며 지내온 사이였다.

직장에서 고락을 함께한 동료들은 처녀 총각으로 입사해서 결혼을 하고 자녀를 낳고 아이들의 돌잔치에서부터 유치원, 초·중·고등학교와 대학 진학, 군대, 결혼 등 가정의 대소사에 참석한다. 그뿐만 아니라 퇴직 이후에도 가족들과 수시로 만나 등산도 하고 여행도 함께 다니면서 어쩌면 일생 동안 가장 가까운 이웃일지도 모른다.

새해 벽두에 날아든 두 건의 비보로 나는 공황상태에 빠져 몇 날을 보냈다. 세상을 떠난 그가 지난해 봄 가족과 함께 해외여행 한번 다녀오자고 제안했을 때 선뜻 응하지 못한 아쉬움이 두고두고 마음을 무겁게 했다.

내일 일어날 일을 모르니 오늘 할 일은 반드시 오늘 마치는 습관을 다져야겠다고 다짐하면서 다시 한 번 생자필멸을 되새겨 보았다.

청바지 하나만으로도

나는 식당에 가면 의자에 앉기를 좋아한다. 방바닥에 쪼그리고 앉아 식사를 하고 나면 바지 주름이 펴지기 때문이다. 이 습관은 직장 생활 하면서 늘 바지 주름은 칼날같이 세워져 있어야 한다는 일종의 강박관 념과도 같은 것이다.

지금은 비즈니스 관계로 예의를 갖추어야 하는 경우는 예외일지 몰 라도 보통 직장인들은 청바지에 티셔츠, 와이셔츠에 노타이 등 자유 복 장으로 출근해도 별로 문제삼지 않는다. 심지어 은행이나 관공서, 대기 업 등에서 여름철에는 흰색 와이셔츠에 노타이, 티셔츠 등을 입도록 권 장하는 경우도 많은 것으로 알고 있다.

그러나 예전에는 사무직 근로자들의 복장에 대한 규제가 아주 까다로 웠다. 남자는 깔끔한 양복에 넥타이를 매야 했고 여자는 정장에다 헤어 스타일도 간섭을 받던 시절이다. 하지만 나는 양복이 없어 군복에 검정 물감을 들여 입고 다녔다. 또 다리미가 없어 바지 주름을 잡는 게 여간 힘든 일이 아니었다. 매일 잠자기 전 담요 속에 바지를 가지런히 펴서 넣고 아침에 일어나면 바지 주름이 제법 잡혔다. 그런 방법으로 바지 주름을 해결하던 시기라 바닥에 쪼그리고 앉으면 주름이 펴지니까 자연 피하게 되었다.

어느 날 알고 지내던 지인이 평생 못해 본 것이 무엇이냐고 묻기에 청바지를 한 번도 입어 보지 못했다고 하자 곧바로 이태원의 어느 가게로 안내를 하는 게 아닌가. 그러면서 선물을 하겠다며 3만5천 원을 주고 청바지를 하나 사 주었다. 나들이 때 마음대로 입고 젊은이들의 취향을 느껴 보라면서.

집에 와서 청바지를 입어 보니 길이가 너무 길어 동네 세탁소에 맡겨 고쳐 놓고 어느 일요일 용기를 내어 한번 입어 보았다. 얼마나 편하고 좋은지 방바닥에 쪼그리고 앉아도 구겨지지 않고 일어섰다 앉았다 수십 번을 반복해도 원래 모습 그대로이고 탄력이 좋아서 너무 편했다. 양복의 불편함과 비교할 수 없었다.

이제 나이 칠순 중턱을 넘어섰는데 이렇게 편한 청바지를 얼마나 더 입을 수 있을까 생각하니 문득 서글퍼진다. 젊은이들이여! 청바지 세대들이여! 청바지 하나만으로도 행복하다는 마음으로 지금의 어려운 고비를 잘 헤쳐 나가기를 기대해 본다.

나는 분명 이 시대의 문맹인이다

몇 해 전 초등학교 3학년 된 손자 녀석이 일요일에 놀러와서 "할아버지, 컴퓨터 좀 켜주세요" 하기에 무엇을 하려고 그러느냐고 물었더니, 숙제를 해야 하는데 자기네 집에는 프린트기가 없어 수업시간표를 인터넷을 통해 찾아서 출력을 하려고 한다는 것이었다. 세상에, 인터넷으로 학교 홈페이지에 들어가 수업시간표를 출력해서 준비물과 숙제를 해야 한다기에 나는 그저 놀랐다.

그리고 이것저것 살펴더니 숙제가 집에서 가족과 함께 '떡볶이'를 만들어 먹어 보는 것이란다. 숙제가 가족이 함께 음식을 만들며 협동심을 기르고, 함께 식사하면서 식사예절을 배우는 것이어서 나 어릴 적과 달라 다시 놀랐다.

또한 선생님의 전달사항을 학교 홈페이지에 올려놓고 잊어버린 학생도 인터넷을 통해 찾아볼 수 있도록 시스템이 구축되어 있음을 알고 정말 좋은 세상이라는 생각이 들었다.

하지만 인터넷을 다룰 줄 모르는 세대들은 어린 손자 녀석들과 의사소통이 될 리 만무한 현실에 다시금 놀라지 않을 수 없었다. 세상의 변화

속도가 너무나 빨라서 정신이 아찔할 정도다. 그리고 내가 어릴 적에는 문맹퇴치운동이라 하여 한글을 모르는 나이 많은 어른들도 저녁에 마을회관에 모여 가나다를 배운다고 야단법석을 떨던 것이 떠올라 웃음이 났다.

지금 어린 세대나 젊은 세대와 소통이 되지 않는 것은 새로운 이야기가 아니다. 아이들의 말을 이해할 수 없을 뿐 아니라 컴퓨터를 다룰 줄 몰라 컴맹이라 불리고, 주고받는 문자메시지 내용이 간결(?)하고 함축된 표현이 많아 도무지 무슨 뜻인지 알 수 없는 것이 한둘이 아니다.

그러고 보면 분명 우리 세대는 지금 젊은이들이 볼 때 문맹이나 문자 해독이 되지 않는 사람들임에 틀림없으리라.

국어사전에는 '문맹'이라는 뜻풀이를 배우지 못하여 글을 읽거나 쓸 줄 모름, 또는 그런 사람이라고 정의해 놓았다. 그러고 보니 나도 분명 이 시대의 문맹자 같아 씁쓸한 기분이다. 매일 인터넷을 뒤지고, 내가 필요로 하는 부분은 독수리타법으로라도 강연 원고를 만들고 USB에 저장하여 큰 불편 없이 지내지만 문맹자로서의 자괴감은 지울 수가 없다. 그래서 사람은 죽는 순간까지 배우고 자신을 담금질해야 하나 보다. 시대에 뒤처지지 않기 위해서 말이다.

못해 본 것들을 찾아서

특별히 외면하는 식단은 없지만 직장 생활을 할 때 매년 여름철이 되면 건강식품(?)이라는 온갖 감언이설로 유혹해도 지금까지 '보신탕'을 먹어 보지 못했다. 때문에 보신탕이 몸에 얼마나 좋은지는 고사하고 그 맛을 알 수가 없다. 그래서 인생을 살아오면서 경험하지 못한 것과 직접 경험을 통해 얻어진 것은 아주 많이 다르다는 것을 확실히 깨닫고 있다. 지식과 지혜의 차이와 같다고나 할까?

오랜만에 지방 여행을 다니면서 난생처음으로 두 가지 음식을 먹어 보았다. 첫 번째 음식은 '백합죽'이다. 대개 전복을 넣어 끓인 '전복죽'은 많이 알려져 있지만 '백합죽'은 쉽게 찾아볼 수 없는 식단이다. 아산방조제를 지나 전라북도 변산반도 갯가의 어느 식당에서 백합을 잘게 썰어 넣고 녹두를 통째로 넣어 죽을 쑤었는데 맛이 일품이었다. 녹두가 아싹아싹 씹히는 맛과 잘게 썰어 넣은 백합이 어우러진 맛은 먹어 보지 않고서는 설명하기 어려울 것 같다.

두 번째 음식은 '짱뚱어탕'이다. 전라남도 신안군 지도면에 있는 증도라는 작은 섬(지금은 연륙교가 개통되어 자동차로 쉽게 갈 수 있음)에서 이름도 처음 들어본 '짱뚱어'를 재료로 만든 탕을 얼마나 맛있게 먹었는지 모른다. 어떻게 생겼는지도 모르는 생선인데 추어탕이나 장어탕을 끓이는 방법과 같이 생선을 갈아서 시래기와 함께 푹 곤 것인데 구수하고 개운한 맛이 일품이었다.

처음 먹어 본 음식과 함께 한 번도 해 보지 않은 즐거운 경험 한 가지를 더 보태게 되었다. 몇 년 전부터 아내가 레일바이크를 타러 가자고 졸랐는데 이번 겨울 여행 중 전라남도 곡성 기차마을에서 '레일바이크'를 타게 되었다. 제일 먼저 타려고 하니 근무자가 "할아버지, 평소 운동을 하셨습니까?"라고 묻기에 운동을 별로 하지 않았다고 하니 중간이나 후미에 따라가라고 했다. 왜 그러냐고 물었더니, 운동 부족인 사람이 선두에서 속도가 안 나면 뒷사람이 모두 밀리게 되어 운영이 어렵다는 설명이었다.

그래서 "다른 사람에게 나를 잘 따라오라고 하세요" 하고는 맨 앞에서 신나게 페달을 밟았다. 5.1km의 레일을 신나게 달렸더니 온몸에 땀이 솟았다. 겨울 추위는 어디로 갔는지 모를 만큼 체온이 올랐다. 지금까지 이렇게 단 한 번도 해 보지 못한 일들이 너무 많지만 버킷리스트를 작성해 놓고 앞으로 하나둘 해 보려고 한다.

고향 마을에서 부모님 산소에 성묘도 하고 마산과 진해를 거쳐 경북 영주시 풍기읍에서 인견제품 쇼핑도 하고 충북 제천과 단양 8경을 돌아보았다. 이번에 7박8일 여행을 즐기면서 평생 먹어 보지 못한 음식을 맛있게 먹고 시간이 멈춘 것 같은 여유로움을 만끽하고 보니 이렇게 좋을 수가 없다는 새로운 사실을 느끼게 되었다.

이러한 지금의 현실은 더 높은 곳으로 올라가려는 욕망이나 경제적인 부를 더 모으려는 마음을 내려놓고 있는 그대로 담담하게 받아들이고 현실에 적응하는 삶에 만족하면 되는 것이라는 생각을 했다.

이번 여행으로 직장 생활 때 현장 체험을 통하지 않고 책상에 앉아 이론적인 바탕으로 잘못된 결론을 내려 나쁜 결과를 초래한 것도 있었을 것이라는 반성의 기회도 되었다.

사랑의 청단풍

겁(劫)이라는 말은 불교에서 이르는 것으로, 영겁(永劫)이란 끝이 없는 긴 세월을 뜻한다. 1겁이란 사방 40리가 되는 큰 바위가 있고 그 바위 위로 백 년에 한 번 엷은 옷을 스쳐지나가게 해서 바위가 모두 닳아 없어졌을 때를 1겁이라고 한다. 1겁이 이러하니 영겁이라는 세월은 감히 우리의 수학적 숫자로는 표현이 불가능하다.

은퇴 이후 자주 산을 찾는데, 깎아지른 절벽이나 암반 틈새에서 수목이 자라는 것을 가끔 본다. 암반은 본래 수목의 생육이 불가능한 곳이지만 수목의 끈질긴 생명력을 보노라면 저절로 숙연해진다.

경북 성주군에 있는 롯데스카이힐CC에서 골프모임이 있었다. 스카이 코스 3번 홀 퍼팅을 끝내고 돌아서는데 '사랑의 청단풍'이라는 팻말이 눈길을 끌었다. 단풍이라면 가을에 붉게 물드는 것을 연상하게 되는데 청단풍이라 하여 자세히 읽어 보았다.

사랑의 청단풍은 암반 사이에서 씨앗이 발아하여 온갖 시련과 역경을 견디며 100여 년의 세월을 견뎌내고 주변 환경을 주도하는 수목으로 우뚝 서게 되었는데, 구전에 의하면 일제강점기에 시골의 한 청년이 일본 순사에 쫓기어 사랑하는 사람을 남겨두고 도망치게 되어 두 연인은 수년간 서로 그리워하며 눈물로 나날을 보내게 되었다고 한다. 일제가 패망하고 청년이 마을로 돌아왔을 때 정인이 알 수 없는 병으로 시름시름 앓고 있어 지금의 이 바위 위에서 서로 부둥켜 안고 울고 있는데 바위틈에서 자라난 단풍나무잎이 두 연인의 몸을 휘감았고, 그 순간 정인의 병이 말끔히 나아 오래오래 행복하게 살았다 한다. 그래서 이 단풍나무 아래에서 소원을 빌면 이루어진다 하여 '사랑의 청단풍'으로 불리게 되었다는 것이다.

이 사랑의 청단풍의 힘과 기를 받아서 누구나 건강과 소망을 빌면 소원이 이루어질 것이라는 안내말이 매우 인상적이었다.

사랑은 온갖 역경과 시련을 이겨내는 긍정의 씨앗을 잉태하기에 두 사람의 애틋한 사랑의 힘으로 알 수 없는 병을 이겨내고 행복하게 살았다는 이야기다. 또한 생육이 불가능한 암반 틈새에서 한 알의 씨앗이 악조건을 딛고 발아하여 일어선 끈질긴 생명력을 통해 남의 탓, 환경 탓 하지 말라는 메시지를 우리에게 주고 있었던 것이다.

내가 고속버스 보너스로 바뀌었다

지방에 일이 있을 때 가끔 고속버스를 이용하고 있다. 3월 어느 날 마산에서 3번 좌석에 앉아 출발을 기다리고 있는데, 버스기사가 시동을 걸면서 혼잣말로 "오늘 보너스로 세 사람을 받았군" 하는 것이었다. 순간 그 말이 귀에 거슬렸다. 내가 왜 고속버스 운전기사의 보너스 취급을 받아야 하는가?

그래서 기사에게 "보너스로 세 명이라는 뜻이 무엇입니까?" 하고 되물었더니, 단 한 명의 승객일지라도 고속도로 통행료와 기름값, 기사 인건비 등 고정비도 되지 않지만 운행을 해야 하는데, 오늘은 세 명이 탑승해 보너스라고 했다는 것이었다. 그래서 승객이 세 명밖에 되지 않는데 보너스 운운할 게 아니라 대책이 있어야지, 승객을 보너스로 취급하니 기분이 이상하다고 항변을 했다.

근래 내가 이용한 고속버스의 일자별 탑승객을 생각해 보니 한편으로 그 기사의 말을 이해할 만도 했다. 3월 22일 성남에서 부산 4명, 3월 24일 마산에서 성남 3명, 3월 31일 성남에서 진주 6명, 3월 31일 진주에서 서울 7명, 4월 21일 마산에서 광주 5명, 4월 22일 광주에서 마산 6명

등 한 번도 열 손가락을 넘는 경우를 보지 못했다.

이렇게 고속버스를 이용하면서 느낀 공통점은 고속도로 통행료와 운전기사의 일당도 되지 않는 운임 수입으로 고속버스가 운행되는데, 승객의 편리성도 좋지만 국가적인 낭비를 줄일 수 있는 묘책은 없을까 하는 의문이다.

석유 한 방울 나지 않는 우리 현실을 감안한다면 시간대별 승객수 가이드라인을 설정하여 최소 탑승 인원에 미달하는 경우 전국고속버스 운송회사의 통합 운영 방법 등을 찾는다면 운행 횟수를 조정할 수 있지 않을까 싶은 생각이 들었다.

지금 이 시간에도 경부고속도로, 영동고속도로, 호남고속도로, 중앙고속도로, 서해안고속도로 등 전국의 고속도로를 달리는 고속버스의 평균 탑승 인원이 얼마나 되는지 가늠할 수가 없지만, 이렇게 텅 빈 고속버스가 매일 수백 번 아니 수천 번 오가며 낭비되는 기름값이 엄청날 것이라는 생각이다.

가파르게 오르는 기름값 때문에 대통령이 직접 나서서 가격인하 요인을 찾고 야단법석인데, 낭비적인 불합리성을 개선할 방법을 찾는다면 기름값을 인하하는 것보다 훨씬 더 높은 경제적 효과가 있을 것이라는 막연한 기대를 가져본다.

믿음(신의)이라는 두 글자

아주 가까운 친지와 지인의 갑작스런 사망 소식에 한동안 마음의 안정을 찾지 못하고 있는데, 옛날에 함께 근무한 직장 후배 부인으로부터 이런 메일이 날아왔다.

사장님!

14일 새 보금자리로 이사를 했습니다. 사장님께서 전에 너무도 정겹게 불러 주던 '우리 착한 진주 제수씨'를 늘 가슴에 새기며 그에 걸맞는 착한 아낙으로, 사장님께서 믿어 주신 그 사람의 좋은 내조자로 열심히 살겠노라 다짐을 하기도 했었답니다.

이 세상에서 가장 값진 것은 누군가에게 믿음을 받는 것이라는 생각을 종종 합니다. 어릴 땐 착하고 영리하게 잘 자라줄 것을 믿어 주시는 부모님. 사회에 나가서는 업무(業)를 잘 처리해 줄 거라 믿어 주시는 직장 상사나 동료들. 결혼해서는 집안 잘 꾸려가며 아이들 잘 키워 줄 거라 믿어 주는 남편. 또 나이 들어가면서는 아마도 우리 엄마가 제일 훌륭한 엄마일 거라 믿어 주는 자식들. 그리고 좋은

> 사람일 거라 믿어 주는 친지들…. 그 믿음으로 아마 여태 버티며 살아가는 것 같습니다. (이하 생략)

그렇다. 부모님이나 남편, 자녀 등 가까운 가족, 친지, 직장 상사와 동료, 나아가 사회의 모든 사람들로부터 믿음을 받는다는 것은 자신의 정체성과 더불어 자신을 지탱할 수 있는 근간이라는 생각이 든다.

믿음에 의리가 보태어지면 신의가 된다. 우리가 사회생활을 하면서 가장 중요한 것이 믿음이요 의리다. 어떤 인간관계에 있어서도 믿음이 바탕이 되기 때문에 남을 의심만 하다가는 아무 일도 이룰 수가 없다.

메일을 보내 온 옛 직장 후배 부인은 내가 부장으로 근무할 당시 남편이 직무와 관련해 금전적인 사고가 있었다. 그때 나는 그가 평소 정직하고 근면하다는 것을 알고 있었기에 직속 상하관계가 아니었음에도 부장으로서 큰 잘못이 아니라고 구명운동을 펼쳐 가벼운 징계로 직장에 계속 근무할 수 있는 길을 터주었다. 그 일로 30여 년이 지난 지금까지 형제애를 나누면서 아주 가까이 지내고 있다.

항상 남을 의심한다면 우리는 어떻게 될까? 부모가 자식을, 자식이 부모를, 직장 상사가 부하를, 부하가 자기 상사를, 스승이 제자를, 제자는 스승을 서로 믿기에 부자 관계, 동료 관계, 동지적 관계, 사제 관계가 원만하게 이루어진다는 사실을 알고 있다.

남을 믿고 남으로부터 믿음을 받고, 나도 믿음에 호응하는 사람이 되어야 함은 말할 나위가 없다. 남으로부터 믿을 수 있는 사람이 되기 위해서는 항상 진실한 마음과 정직한 삶을 살아야 한다.

그러기 위해 무엇보다 먼저 사소하고 작은 약속일지라도 반드시 지키는 사람이 되어야 한다. 약속을 지키는 것은 정직의 바탕이기에 더욱 그렇다. 특히 친구 간의 우정에서는 믿음이 가장 중요하다. 믿음이 없는 우정은 싹틀 수 없고, 믿음이 없는 친구 관계는 지속될 수 없다.

믿음은 무슨 일이든 안심하고 의지하면서 잘 될 것이라는 확신을 갖게 되어 삶에 긍정적인 태도가 된다. 자신과 조직과 사회와 국가에 믿음이 있으면 질서가 잡히고, 질서가 바로 서면 어렵고 힘든 일이 있어도 반드시 좋은 결과로 귀결될 것이라는 긍정적인 마음이 되는 것이다.

몇 해 전 나는 지인이 새로운 일을 시작하면서 나의 도움이 절실하다기에 그 말을 믿고 50여 년의 서울 생활을 정리하고 고향 언저리로 이사를 했다. 하지만 잘못된 믿음으로 다시 서울로 이사를 오게 되어 요즘 새삼스럽게 믿음(신의)이라는 두 글자의 깊은 뜻을 다시금 되새기게 되었다.

경험보다 더 소중한 스승은 없다

모처럼 주말 산행을 갔다. 수리산 슬기봉 정상에 다다를 무렵 앞서 가는 20대 후반 정도로 보이는 자매와 남동생인지 셋이 함께 나누는 이야기를 듣게 되었다.

어느 분이 은퇴 준비를 한답시고 시골에 작은 텃밭을 사서 닭을 기르게 되었는데, 은퇴와 동시에 특별한 기술도 없이 '촌닭집'이라는 상호로 닭백숙 음식점을 개업했다고 한다. 요즘 내 자식 네 자식 할 것 없이 바쁘게 살아가다 보니 평생 직장 생활을 마감하고 처음 시작하는 아버지의 개업식에도 자식들이 참석하지 못하고, 한 주일이 지난 주말에 딸아이가 음식점을 찾았단다. 걱정스런 마음에 사업은 잘 되느냐고 묻자, 그저 그렇게 지내고 있다고 하더란다. 그러자 조금 있으니 손님 다섯 사람이 와서 촌닭 백숙 세 마리를 주문하자 아버지가 "세 마리씩이나 주문을 하세요?" 하고는 닭을 잡으러 가서 1시간이 지나 빈손으로 와서는 다른 음식을 드시면 안 되겠느냐고 묻더란다. 딸아이가 놀라 어떻게 된 영문인지 물었더니, 산자락에 놓아 기른 닭을 잡을 수가 없다고 하더란다. 그것도 아무나 할 수 있는 일이 아닌 모양이다.

나는 처음부터 그들이 나누는 이야기를 다 듣지 못하고 줄거리만 기억하면서 먼저 정상에 올라 땀을 식히고 있는데, 그들이 옆자리로 왔기에 인사를 하고 나도 직장을 그만두고 나서 사회생활에 적응하지 못해 애로사항이 참 많았다는 얘기를 했다. 버스를 처음 타면서 교통카드가 없어 만 원짜리를 내고 창피를 당한 얘기, 다른 손님으로부터 2천 원을 받고 결국 목적지에 내릴 때까지 모두 교통카드를 쓰는 바람에 버스 한번 타고 7천 원을 부담한 경험을 들려주었다.

세상에 다 아는 것 같아도 자신이 직접 경험하지 않은 부분은 정말 모를 수밖에 없다. 그러니 은퇴 이후 섣불리 개인사업에 뛰어들었다가 패배의 쓴잔을 마시는 경우가 참 많겠구나 하는 생각이 들었다.

그러고 보니 닭백숙집의 토종닭이 정말 놓아 먹이는 닭일까, 의구심이 들었다. 내 상식으로는 목장에서 기르는 소나 양돈장의 돼지, 양계장의 닭들도 엄격한 위생검사를 받고 도축이나 도계 허가증을 받아야 판매할 수 있는데, 유원지 일대의 닭백숙집들이 정말 토종닭을 재료로 쓰고 있는지 궁금할 뿐 아니라 경험도 없이 음식점을 하려고 했으니 어려울 수밖에 없었을 것이란 짐작이 갔다.

세상의 지식을 다 안다고 해도 직접 경험하지 않은 단순한 지식 수준으로는 당장 성공을 거두게 될 것 같아도 정말 힘들고 어려운 게 현실이다. 그래서 오래전에 읽은 책 한 구절이 떠올랐다.

한 성공한 기업가가 성공 요인에 대한 질문에 멋지게 대답했다.

그의 대답은 "잘된 결정 때문에"였다. 그러자 "어떻게 잘된 결정을 내렸는가?"라고 되묻자 "오랜 경험을 통해서"라고 대답했다.

마지막으로 "경험은 어떻게 얻었습니까?"라고 묻자, "잘못된 결정을 통해서"라고 말했다. 하이럼 스미스의 《인생에서 가장 소중한 것》이라는 책에 나오는 내용인데 정말 가슴에 와 닿는 글이다.

세상에서 경험보다 더 소중하고 중요한 스승이 없는 터라, 남들이 경험한 소중한 것들을 글로써 엮어 놓은 책을 통해 간접 경험이라도 만들어 지혜를 터득함은 지식을 넓혀 나가는 것 이상으로 중요한 일이다.

어린 손자 녀석의 자존심 타령

몇 년 전의 일이다. 시집간 딸아이가 방학을 맞아 외손녀를 데리고 친정나들이를 왔다. 외손녀는 친손자와 6개월 차이로 동갑내기 동생이다. 손자 녀석들이 함께 놀겠다며 나에게 데리러 와달라고 하기에 초등학교 2학년과 유치원에 다니는 두 녀석을 집으로 데려왔다.

첫날은 그럭저럭 별일 없이 지났으나 하루가 지나자 지루해하기에 유치원에 다니는 둘째를 달래놓고 초등학교 2학년인 동갑내기 손자와 외손녀를 데리고 수리산에 올랐다. 눈이 수북이 쌓인 산길을 따라 숨 가쁘게 오르는데 처음에는 외손녀가 앞서 가더니 30분쯤 지나자 조금 뒤처지게 되었다.

그러자 손자 녀석은 신이 나서 앞장서서 슬기봉을 향해 땀을 뻘뻘 흘리며 열심히 올라가더니 정상을 바로 눈앞에 둔 지점에서 "할아버지, 이제 그만 올라가요" 한다. 어린 녀석을 데리고 가파른 산에 오르는 것이 처음이라 조심스러워 내려가기로 했다.

산을 오를 때는 앞장서서 가던 손자가 내려올 때는 정반대 상황이 되었다. 겁에 질려 한 발짝 내딛는 것을 두려워하는 게 아닌가. 손을 잡아 주고 급경사에서는 어쩔 수 없이 안고 업고 어렵게 내려오는데, 반대로 오를 때 힘겨워하던 외손녀는 다람쥐같이 빠른 걸음으로 백 미터 넘게 앞서 내려갔다. 중간 중간 큰 소리로 외손녀의 이름을 부르며 가파른 길을 다 내려온 지점에 이르자, 손자 녀석이 귀에다 대고 "할아버지, 집에 가서 할머니와 고모에게 절대 비밀로 해 주세요" 하는 것이었다.

"왜?" 하고 물었더니 "쪽팔린다며 자존심 문제"라는 것이다. 산을 오를 때는 용감하게 잘 올랐는데 내려오는 길에서는 겁에 질려 한 발자국 떼어 놓는 것이 그렇게 힘들어 할아버지에게 의존해서 내려온 것이 자존심 상한다는 것이다.

이제 겨우 만 아홉 살인 초등생. 그가 느낀 쪽팔림이라는 자존심. 그래서 손자 녀석에게 이렇게 말해 주었다.

"자존심(쪽팔림)이라는 것은 다른 사람에게 굽히거나 아쉬운 소리를 하지 않는 것이고, 자기 스스로 위신이나 위엄, 체면을 세우려고 하는 마음가짐이다. 그러기 위해서는 무엇보다 모든 것에서 남보다 잘 알아야 하고 자기 자신이 당당해야 한다고 일러주고 위신과 위엄, 체면을 바로 세우려면 그것 또한 자기가 하는 모든 일이 올바르고 정당해야 가능한 일이니까 오늘처럼 산에서 잘 내려오지 못한 것이 자존심 상하는 것이라면 평소에 체력을 길러 건강해야 한다. 그래야 산을 내려올 때도 오를 때와 같이 당당하게 내려올 수 있는 거다. 네가 청년이 되고 어른이 되어 그보다 더한 자존심을 지켜나가 주었으면 좋겠다. 그것이 할아버지가 너에게 바라는 것이다."

사랑하는 손자 손녀들아! 건강한 체력을 바탕으로 너희가 하고 싶은 분야에서 모든 사람으로부터 선망의 대상이 되는 청년으로 성장해 모두 자존심을 지키는 손자와 손녀가 되어 주기를 바라는 할아버지의 간절한 소망을 꼭 이루어 주렴!

직장 생활에 얽매어 내 아들 딸들을 키울 때는 한 번도 느껴보지 못했던 일들이지만 흐뭇하고 행복하다. 어린 손자 녀석이 산에 오르는 것보다 내려오는 것을 더 힘들어 하는 것을 보고 문득, 등산 사고의 대부분은 하산할 때 발생한다는 글귀가 떠올랐다.

내 자신이 한계상황일 때
믿음과 신뢰는 사치일까?

잡지에서 "머핀을 구워 점심시간에 학생들에게 나누어 준다"는 어느 교사의 글을 읽다 알게 되어 그 교사와 인연을 맺게 되었다. 카톡과 이메일 등으로 안부를 주고받다가 은퇴 4년차에 접어든 2012년 4월 어느 날 아래와 같은 메일을 받았다.

보낸사람 : 이○○ 12. 04. 17 21:47 〈○○○○○@daum.net〉

받는사람 : "1004의Dream" 〈jkl1010@hanmail.net〉

보낸날짜 : 2012년 4월 17일 화요일, 21시 47분 16초 +0900

사장님, 어려운 부탁이 있어 메일을 드립니다.

어제는 어려웠지만 오늘은 반드시 좋은 내일을 위한 시작이 되리라는 시를 보낸 저의 오늘은 악몽과 같았습니다.

저에게는 친정 막냇동생이 있는데 저희가 의대 공부를 시켜 ○○에서 정형외과를 개업했습니다. 저희 친정이 워낙 가난한 집인지라 남편과 제가 공부도 시키고 페이 닥터로 일을 하던 동생에게 자금을 투자하여 병원을 개업하게 되었습니다.

저희 부부의 24년 전 재산이라고 해도 과언이 아닌 병원이었는데…. 청천벽력 같은 소식이 왔습니다. 병원을 폐업하게 되었고…. 게다가 엄청난 빚까지 지고 있다는 사실을 이제서야 알게 되었습니다. 동생은 나름 자신의 힘으로 막아보려 애썼던 것이 더 일을 키웠고, 그 와중에 수술을 하는 정형외과이다 보니 의료사고도 있어 소송에 휘말려 있기도 한 모양입니다.

이제 돌이 지난 아이들과 길거리에 나앉게 된 동생도 문제지만 당장 저희들 앞으로 터져 나오는 일들이 상상을 초월합니다. 남편과 제가 둘 다 하루 연가를 내고 이리저리 방법을 찾아보고 있는 중인데 답이 없어, 결국 제가 퇴직을 하여 퇴직금으로라도 일을 해결해야 하는 상황까지 오게 되었습니다.

하지만 퇴직을 한다 하더라도 당장 내일 되는 것이 아니기도 하고 이렇게 중간에 하게 되면 명예퇴직금에서 1억 가까이 손해라 정말 막막한 심정에 사람 하나 살려 달라는 심정으로 사장님께 도움을 청해 봅니다.

뭐 이런 사람이 있느냐고 하실지 모르겠지만, 제가 정상적인 퇴직 절차를 밟을 수 있을 시기까지만 저에게 도움을 주시면 안 될까요? 그 사이 책 판매가 좋아 숨통이 트인다면 세상에 그보다 더 좋은 일은 없지만, 제가 교사로서 더 살아갈 수 있는 운명이라면 그렇게 되리라 실낱같은 희망을 놓고 싶지는 않습니다.

남편과 제가 병원에 투자를 한 것은 경제적 욕심보다는 제가 간절히 원하는 꿈이 있었기 때문입니다. 제가 원하는 학교를 만들고 싶다는… 아이들과 교사가 함께 행복할 수 있는 학교….

그런데 그것이 욕심이었나 싶습니다.

당장 내일 천만 원, 다음 주 월요일까지 4천만 원 정도의 자금이 필요한데 지금 제게 남은 것은 단돈 9만 원으로 내일 당장 작은아이 급식비를 걱정해야 하는 상황이 되어 버렸습니다.

전 정말 열심히 살았고, 그것도 참 착하게 살았다고 생각했는데 어떻게 이런 일이 제게 생길 수 있는 것인지.

전 정말 최선을 다해 살아왔는데…. 작은아이가 생존율 제로라는 진단을 받은 날도 이렇게 참담하지는 않았던 것 같습니다.

사장님, 제가 지금 드릴 수 있는 담보물은 세상 사람들이 아무도 인정해 주지 않는 저의 책 계약서들뿐입니다.

○○○ 교사, ○○○ 부모, 그리고 지금 집필중인 새 책의 계약서까지…. 제가 사장님께 드릴 수 있는 것의 전부입니다.

제가 25년 동안의 교직 생활을 이렇게 허망하게 쫓겨나듯이 접지 않도록 도움을 주시기를 간곡히 부탁드립니다. 참으로 어처구니없는 담보물이기는 하지만 그건 제 자존심이기도 하고 마지막 남은 재산이랍니다. 제가 내일 당장 그 계약서들을 들고 사장님을 찾아뵐 수 있습니다. 그 정도로 절박하고 간절함을 어떻게 말로 표현할 수 있을는지요.

부디 저를, 인간 이○○는 외면하시더라도 교사 이○○를 외면하지는 말아 주십시오.

이 글을 읽는 독자들이라면 어떻게 할 것인가?

나는 잠자리를 털고 일어나 당시의 내 경제 현황을 솔직하게 알려주면 비록 내가 돈을 융통해 주지 않더라도 오해하지 않고 이해하겠지 하고 아래와 같은 진솔한 답장을 보내는 방법밖에 달리 도리가 없었다. 믿음과 신뢰가 부족해서가 아니고 문제는 타이밍이었다. 지금이라면 4~5천만 원 정도를 융통해 준다는 것은 큰 어려움이 아니다.

보낸사람 : 1004의Dream 〈jkl1010@hanmail.net〉 12. 04. 17 23:34
받는사람: 이○○ 선생님!

답답한 가슴앓이입니다~~
먼저 무어라고 위로의 말씀을 드려야 좋을지 제 가슴이 답답합니다. 세상을 살아오면서 정상적인 궤도를 이탈하여 경제적 파탄에 직면한 끔찍한 일을 기업 현장에서 생생하게 체험한 저 자신으로서(기업의 부도) 개인이나 기업이나 충격은 똑같은 것이기에 더더욱 가슴이 저려옵니다. 얼마나 긴박하고 어려움이 닥쳤기에 저에게 구원의 글을 보내셨겠어요.
가정경제가 파탄지경에 이른 상황에 골머리를 앓고 계시는 이 선생님의 글을 읽고 제 마음도 진정이 되지 않아 혼돈 그 자체입니다.
이 선생님!
저는 대기업 사장 자리에 10년 넘게 앉아 있었지만 많은 부를 축적했을 것이라는 생각과는 너무도 거리가 먼 사람입니다. 사장 자리에 있을 때도 법인카드를 쓰지 않고 개인 신용카드를 사용하는 바보 아닌 바보 같은 직장 생활을 한 사람으로서 대한민국에서 2등이라면 서러울 만큼 정직한 전문 경영자의 길을 걸었답니다.

또한 타 그룹에 비해 보수가 짜다는 롯데그룹에서 매월 받는 급여를 쪼개어 적금을 붓고 정기예금으로 일반 서민들이 생각하면 거액이라고 할 수 있는 10억 원 가까이 되는 해에 노후를 편안하게 살아갈 수 있을 거라는 믿음과 희망을 가지고 스스로 사표를 내던지고 직장 생활을 끝냈습니다.

은퇴 이후 4년 동안 지하철을 타고 버스만 이용하는 평범한 서민 생활을 하지만, 막상 직장을 접고 보니 쓰임새는 절약의 한계를 벗어나 방향을 잃어버릴 만큼 상상외로 지출이 많아지더라고요.

특히 고등학교 총동창회장이라는 막중한 자리에 앉게 되어 4년 동안 활동하면서 눈에 보이지 않는 지출이 많았고, 어영부영 세월은 흘러 벌써 은퇴 4년이라는 시간이 지난 지금 나이는 칠십을 바라보게 되었고, 경제활동은 할 수가 없으니 은퇴자금으로 모은 목돈 중 이미 3억여 원이 낭비(?)되고 보니 마음이 급해지더라고요.

하여 고민하다 늘그막에 부동산에 정신이 팔려 두 건의 상가 계약을 체결했답니다. 마침 내일이 그 한 건의 잔금 지급일이고 또 한 건은 6월이랍니다.

이 선생님!

제가 이렇게 장황한 말씀을 드리는 것은 부동산 계약을 하지 않았다면 4~5천만 원 정도의 자금은 융통이 가능할 터이고 이 선생님이 나중에 사태수습이 되신 후 돌려주면 되는 것이지, 못 미더워 계약서고 뭐고 그런 게 필요한 것이 아니랍니다. 공교롭게도 저 또한 지금 처한 상황이 앞뒤 캄캄한 터널 같은 길을 가고 있기 때문입니다.

서울 강남구 논현동 ○○번지 매입대금 : ○○○(4월 6일 계약 체결, 4월 18일 잔금 지급)과 김해시 장유면 무계리 매입대금 : ○○○(3월 28일 계약 체결, 6월 30일 잔금 지급) 등으로 제가 가지고 있는 현금자산을 몽땅 투자해서 상가 월세 수입으로 남은 인생을 설계한 결과물로 인생 마지막 일을 저지르고 말았습니다.

이 선생님!

경제적 문제로 상심하시는 모습 선하게 겹쳐오는 터라 정말 무거운 마음입니다. 어떻게든 도움을 드리고 싶지만 저의 한계상황임을 말씀드리니 너그럽게 이해해 주시기 바랍니다.

정말 필요할 때 도움을 드리지 못해 어쩌면 저는 평생 가슴앓이를 하게 될지도 모르겠습니다. 늦은 밤 고민은 잠시 접어 두시고 밤잠이라도 편히 주무시기 바랍니다.

4월 17일 밤

이종규 드림

나는 돈을 빌려 달라는 사람을 믿고 신뢰하지만 은퇴 이후 4년 동안 약간의 실수 아닌 실수를 통해 3억 원 가까운 현금을 날려 버린 나머지 마음이 급박한 상황에 처했다. 안전자산 예금으로는 남은 인생을 살아가기 힘들겠다는 생각에서 메일에 적시한 것과 같이 부동산에 투자하기로 한 것이다. 그러다보니 단돈 천만 원의 여유도 없는 상황이 된 것이다.

그래서 자정이 가까워 오는 시간까지 내가 처한 현실을 가감 없이

전했지만 과연 그쪽에서 나의 처지나 진실보다 변명으로 받아들였을 것이라 생각되어 얼마나 마음이 불편했는지 모른다.

나의 손길이 꼭 필요할 때 손을 잡아 주지 못하는 경우에 가장 가슴이 아프다. 정신적이거나 내 몸으로 할 수 있는 일이라면 나는 그것을 마다하지 않는다. 하지만 경제적인 측면에서는 힘의 한계상황이라 어쩔 수가 없는 경우가 있다. 이럴 때 부(돈)가 조금 더 필요함을 느끼게 된다.

이 일이 있은 후 이 선생님과는 연락이 단절되고 말았다. 나의 믿음이나 신뢰는 아무 변함이 없지만 상대는 내민 손을 잡아 주지 않았다는 일로 나를 믿지도 신뢰도 하지 않는다는 방증이 아닐까? 그러니 믿음과 신뢰는 수평관계에서도 주고받는 것이지 일방적인 믿음과 신뢰는 성립되지 않고 거래와 같아서 씁쓸한 생각이 겹친다.

일반 경영 현장에서 수직관계의 믿음과 신뢰는 사실대로 진솔하게 모범을 보일 때 무한의 믿음과 신뢰를 받지만 사회생활에서는 참 어려운 과제임이 틀림없다.

그로부터 5년이란 세월이 흘렀다. 이제 문제가 깨끗하게 정리되어 정상적인 삶(인생)으로 돌아와 나의 진정성을 믿어 주고 잘 살고 있다는 소식이라도 전해 주었으면 좋겠다.

내려놓으니 비로소 세상이 보인다

평생 앓아오던 위가 좋지 않아 스트레스를 풀기 위한 방편으로 가족과 함께 한적한 산골짜기 숙박업소를 찾아갔다. 심신의 피로가 겹쳐 잠시 현실도피라도 하고 싶었다. 일찍이 나의 능력과 역량을 잘 알고 있기에 롯데그룹의 CEO라는 자리가 벅찬 직책이라는 것도 잘 알고 있었다.

하지만 학별도 연고도 인맥도 없이 계열회사를 번갈아 가면서 이사, 상무, 전무, 부사장, 사장이라는 직책을 23년이나 맡아 왔으며 그중 10년 넘게 대표이사 자리를 지켰다. 자본가의 아들 세대로 경영이 이양되는 마무리 단계에 접어드는 시점이 눈앞에 다가오기에 더 이상 자리에 연연하다 험한 꼴 당하게 될 것이라는 생각에서 퇴직 시기는 2008년 3월 정기 주주총회가 열리는 결산기로 정하고 2007년 7월 미리 사직서를 제출했다. 1년 임기를 남겨 둔 채 40여 년 조직 생활을 마감하고 후배들에게 길을 터주고 자유인이 된 것이다. 하지만 사람이 자신의 진퇴를 결정짓는다는 것이 얼마나 어렵고 힘든 일인지 모른다.

'욕망'이란 부족을 느껴 무엇을 가지거나 누리고자 탐하는 그런 마음이다. 또한 '집착'이란 어떤 것에 늘 마음이 쏠려 매달리는 것이다.

누구나 삶(인생)에서 자신이 바라는 모든 것을 가지기를 바라고 그것을 영원토록 온전하게 보전하기를 원한다.

나도 이제 칠십 고개를 넘었다. 인생을 살아오면서 한순간도 욕망으로부터 벗어나 본 적이 없었다고 솔직히 고백한다. 하지만 은퇴 후 마음을 가볍게 가지고 벗어나려고 노력했다.

전국을 다니며 수백 회 특별 강연을 통해서, 해외 골프장에서 몇 개월씩 생활하며 직장 생활에서 만나지 못했던 사람들을 만나고 교류하면서 40여 년의 직장 생활이 우물 안 개구리 같았다는 사실을 알게 되었기 때문이다.

전문계 고등학교 학생, 전문대 학생, 경영대학원 최고경영자과정 CEO, 청년단체, 교직원, 공무원, 고등학교 학부모 등 다양한 사람들을 대상으로 강연을 통해 그들이 꿈꾸는 삶과 내가 살아온 삶을 비교하면서 욕망을 어디에서 멈추고 어떻게 다듬어야 할 것인가를 깨닫게 되어 얼마나 다행인지 모른다. 또한 해외 골프장에서 만난 수많은 은퇴자들이 질병에서 벗어나려고 발버둥치는 모습과 삶에 녹아든 생생한 얘기들이 나를 전율케 했다.

나 역시 직장에서는 동료들보다 앞서가기 위해 치열하게 경쟁하느라 자신의 모습을 돌아볼 생각도 못하고 앞만 보고 달려왔다. 경쟁이라는 단어가 주는 중압감과 항상 2% 부족했던 나를 담금질하고 모자라는 부분을 채워서 경쟁 우위에 서려고 밤잠을 설치다 보니 스트레스가 몸을 좀먹게 되어 지금까지 위내시경 검사를 40여 회나 받았던 것이 내가 추구하는 목표를 이루기 위한 욕망의 산물이었기에 지금부터 더 이상 무엇을 해서 무엇을 얻겠다는 욕심을 내려놓았다.

가장 먼저 단행한 것은 주택을 처분하고 전세로 이사하면서 그 차액은 모기지론 같은 길을 찾아 일시납입 분할 입금되는 방법으로 바꿔 버렸다. 매월 안정적인 생활비 걱정이 해결된 것이다. 그리고 일체의 수입을 위한 경제 활동은 완전히 접었다. 반대급부가 전무한 봉사활동 외에 그 어떤 금전적 보상은 바라지 않는다.

　그렇게 마음을 다잡고 주변 정리를 하고 모든 것을 내려놓으니 은퇴 이후 2012년까지 나를 괴롭히던 신경성 위염과 식도염, 위궤양이 서서히 자취를 감추고 자연 치유가 되어 가기에, 이제 무슨 음식을 먹어도 거뜬히 소화를 시키고 위가 편안하다. 여름철에 그렇게 마시고 싶던 냉커피를 마시기도 하고 청량음료, 특히 콜라를 마셔도 큰 탈 없이 적응이 되어 가는 편이다.

　욕망과 집착을 내려놓으니 세상이 달라지는 것이 참 신기하다. 다 내려놓으니까 비로소 세상이 보이더라고 친구들을 만나서 얘기한다. 인간의 본능과도 같은 욕망의 언덕, 그것을 어느 선에서 자제할 수 있는가? 그것은 매우 중요한 것이다. 끝없는 욕망의 노예가 되듯이 자신의 삶을 옥죄다 보면 정상에서 본래의 바닥으로 내려오는 시기의 결정적인 착오로 결과는 대부분 사건과 사고로 귀결되며 문제 등으로 연결된다는 생각이 든다.

　문득 등산에서 일어나는 사고가 대부분 내려올 때 발생하는 사례가 훨씬 더 많다는 얘기를 곱씹어 보는 계기가 된 것 같아서 묘한 기분이 든다.

제8장
새로운 시작
새로운 도전

멘토링으로 맺어진 소중한 인연들 | 8년이란 세월 | 삶의 계단에서 만난 소중한 인연들
처음 걷는 인생길에 나침반이 되어 주신 이종규 멘토님 | 씨앗이 열매를 맺다 | 엎드림
(UP Dream) 활동을 통한 인생 변화 | 4년 후, 성장한 나를 돌아보다 | 인생의 점(Dot)
2% 부족한 나지만, 멘티들과 함께라면 | 인생의 기본을 터득하게 만들어 준 멘토링 활동
나를 찾을 수 있었던 시간, 멘토링 | 나는 행운아다 | 사랑한다는 것, 살아간다는 것
내 인생의 나침반을 만들어 준 멘토링 활동

멘토링으로 맺어진 소중한 인연들

멘토 이 종 규

　지금부터 꼭 10년 전 2월, 전속비서에 기사 딸린 승용차와 연봉 3억이 넘는 누구나 부러워하는 CEO 자리를 내던지고 미련없이 은퇴를 선택했다. 험난한 세상 끝없이 이어지는 지평선, 외로운 새 길이겠지만 밝고 맑은 세상에서 내가 꿈꾸어 오던 '장학재단' 설립을 위해서!

　나는 교육을 받아야 할 시기에 순탄하게 체계적인 교육을 받지 못했다. 체격도 왜소하여 육체적·물리적 힘도 모자랄 뿐만 아니라, 지연이나 혈연으로 맺어진 특별한 연줄도 없이 재벌그룹의 말단직원으로 입사하여 일류대학 학력에 잘생긴 용모와 지연·혈연 등을 가진 유능한 경쟁자들의 틈바구니에서 하루하루 내 영혼을 팔다시피 열과 성을 다하여 조직의 CEO 자리에 올랐다. 하지만 그것이 나의 콤플렉스가 되어 직장 생활 내내 나를 괴롭혔다.

　그래서 나와 비슷한 환경에 놓인 학생들 중 단 한 사람이라도 도와야겠다는 생각에 작지만 알차게 재단을 만들어 보자는 일념으로 장학재단을 설립하려는 꿈을 갖고 있었다.

10년 넘게 CEO 자리에 있을 때 돈봉투를 들고 찾아와 부탁하는 거래처의 유혹을 뿌리치면서 "제가 은퇴 이후 무슨 일을 도모하려고 할 때 꼭 좀 도와주시기 바랍니다. 지금 이렇게 하시지 않아도 제가 직무를 수행하면서 어떤 경우라도 불이익이 되지 않을 것입니다"라고 말했었다. 그 당시 모두 그렇게 하겠다고 분명히 답변했다. 순진한 나는 기대 반 우려 반의 마음으로 은퇴 이후 작은 장학재단을 설립하려고 몇 분을 찾아가 얘기를 꺼내자 하나같이 손사래를 치는 것이 아닌가.

어떤 조직, 단체, 기관의 최고직에 머물 때 그 조직, 단체, 기관의 운영에 관한 절대적인 영향력이 있다는 것은 다 아는 사실이다. 하지만 최고직에서 물러나는 그 순간부터 자연인으로 돌아간 개인은 아무런 힘도 능력도 없다는 새로운 사실을 알게 되었다.

재벌그룹 사장이라는 최고경영자의 직위와 직책을 벗어던지고 버스와 지하철을 타고 다니는 평범한 시민으로 돌아온 후에야 비로소 세상이 눈에 보이고 귀에 들리는 온전한 것들을 정확하게 알게 된 것이 아닌가 싶다.

내가 너무도 순수한 것인지 아니면 시대에 뒤떨어진 행동이었는지 가늠이 되지 않았다. 그리고 10년이란 세월은 빠르게 지나갔다.

은퇴 후 한국장학재단에서 실행한 차세대리더육성프로그램에 참여하여 매년 대학생 7~8명을 대상으로 멘토링 활동을 했다. 은퇴 생활 10년과 맞물려 올해 9년차가 되었으며, 지금까지 자기계발이라는 주제로 70여 명에 가까운 멘티를 육성하게 되었다. 2010년 제1기부터 2016년 제7기까지, 그들은 이미 학교를 졸업하거나 공부를 계속하기도 하고 교사, 의사, 공무원, 기업체 과장직급에 이르기까지 우리 사회의 다양한 구성원으로 열심히 살아가고 있다.

어느 날 1기부터 7기 멘티들과의 점심 모임에서 아직까지 장학재단 설립의 뜻을 이루지 못했음을 토로하자, 십시일반 출연금을 내겠노라고 동참을 결의하여 더없이 든든한 원군을 만나게 되었다.

곧 발기인 총회를 열어 비록 규모는 작고 초라하지만 우리 사회에서 가장 깨끗하고 가장 알차게 운영되는 나눔재단(장학재단)을 선보이게 될 거라는 기대와 부푼 꿈에 밤잠을 설치곤 한다.

이 길이 새롭지만 험난한 가시밭길이 될 수도 있을 것이다. 하지만 출발점에 서서 반드시 종착지에 도달하리라는 각오를 다짐해 본다.

8년이란 세월

1기 정상길

20대 중반 취업을 앞둔 대학교 4학년.

앞날이 보이지 않던 드라마 미생의 주인공 장그래와 비슷한 시절을 보내던 그쯤에 멘토 선생님을 만나게 되었다.

벌써 8년이 지났다는 것이 믿어지지 않을 만큼 시간은 빠르게 지나갔고, 완생은 아니더라도 그 시절의 미생에서 벗어난 삶을 살고 있다.

그때 미생 시절에 준비해 오던 농협과 코레일 최종면접에서 낙방하다 보니, 취업에 대한 공포가 밀물처럼 밀려오는 압박감에 닥치는 대로 이력서를 썼다.

그런 모습이 안타까웠는지 멘토님께서 도움의 손길을 주셔서 누구나 알 만한 기업에 면접을 볼 기회가 생겼고 합격했다는 소식을 들었다.

합격 소식에 기쁨을 감추지 못하고 엄청 좋아했던 것 같다. 하지만 기쁨이 채 가시기 전 하루 정도가 지나며 많은 생각을 했는데, 멘토님의 후광, 조직에서 낙하산이라는 꼬리표, 취업하기 힘든데 잘된 것 아닌가 등 복잡한 생각이 머릿속을 휘저었다.

그 당시의 취업난도 요즘과 크게 다르지 않았다. 드라마 미생과 다른 점이 있다면, 정말 많은 고민 끝에 멘토님께 전화를 드렸다.

"제가 부족한 사람인 걸 알지만, 스스로 다시 도전해 보겠습니다."

무엇보다 내가 그곳을 포기했던 가장 큰 이유는 멘토님께서 한평생 열정을 쏟아부은 회사였기 때문이다. 그 명성에 먹칠이 될 것 같아 부담감이 너무 컸던 것 같다. 그게 싫었다.

그렇게 그곳을 포기하고 다시 도전한 결과 지금 회사인 한국콜마에 공채로 입사하였고, 이제 한 달 뒤면 8년차 직장인이 된다.

입사 1년차인 2011년 멘토링 프로그램을 계속 이어가겠다는 멘토님께서 2기를 선발하였고, 2기들과의 속리산 산행은 아직도 머릿속에 생생한 추억으로 간직하고 있다.

그렇게 회사 생활을 하면서 새로운 후배 기수들을 매년 만날 기회가 있었는데, 팍팍한 생활 속에 그 멘토링 프로그램은 나를 다시 한 번 돌아보고 힘을 낼 수 있는 원동력이 되었다. 요즘 멘토님을 뵈면 예전과 다르게 연로해지신 듯해 마음이 아프다.

지난 어느 가을날 멘토님과 안양천에서 자전거를 타고 헤어진 직후 급하게 지갑을 잃어버렸다는 전화 연락을 받고 허겁지겁 다시 밖으로 나와 멘토님과 지구대에 분실신고를 한 적이 있었다.

결국은 선생님 옷자락에서 지갑이 발견되어 해프닝으로 끝났지만, 언제나 우리에게 철두철미한 모습을 보이시던 멘토님께서 "내가 나이를 먹어서 그렇다"라며 한탄하시던 모습에 마음이 씁쓸했었다.

하긴 멘토님을 처음 뵌 것이 내가 파릇파릇한 스물여섯이었는데, 나도 이제 서른넷의 아저씨로 접어들었으니 멘토님께도 그 세월이 흘러

간 것 아니겠는가….

그냥 아쉽다.

다른 표현보다도 그런 멘토님의 모습이 뭔가 아쉬울 뿐이다. 분명 처음 뵈었을 때의 모습은 체구는 작지만 중국 무협영화나 소설책에 나오는 무림의 고수처럼 기가 느껴져 상대방을 초면에 제압하시던 모습이 었는데 말이다. 세월도 이겨낼 체력과 정신력으로 무장하신 장사인가 했는데, 정말 세월 앞에 장사가 없단 말인가. 그게 아쉬운 것이다.

가을을 알리는 9월이 시작되었지만 아직은 무더위가 가시지 않은 9월 2일, 멘토님께서 각 기수별 멘티들을 한두 명 초대해 사당동 어느 음식점에서 모인 날이었다.

오랜만에 보는 멘티 동생들, 내가 1기라서 그런지 그들은 나보다 어린데 이야기를 해 보면 그저 놀랄 뿐이다. 나는 그 나이 때 저런 생각과 꿈을 못 꾼 것 같은데, 확고한 신념을 가지고 있는 동생들을 보면 말이다. 내가 직장 1~2년차에 고민했던 것을 고민하는 동생들도 보였다.

무엇보다 동생들 하는 일이 대부분 다르기 때문에 그 직업의 이야기를 듣는 것은 언제나 신선하고 언제나 즐겁다.

1기부터~7기까지 멘티를 선발할 때 이 모임에 어울릴 만한 색을 가지고 있는 사람을 선별하여 뽑은 것 같다.

출신 학교, 출신 지역, 생활 정도, 가치관 등 모두 다르지만 공통점이 있다면 모난 성격이 없고 잘난 척하지 않고 상대방을 배려하려는 마음을 모두 가지고 있으니 말이다.

멘토님께서 한국장학재단 멘토링 사업은 7기를 끝으로 공식 활동은 접겠다고 하셨다. 공식 활동은 끝이지만 7년 동안 투자하고 가꾼 내

제자들과 사회에 의미 있는 일을 하고 싶다고 소망을 어필하셨다. 노후 자금 일부를 출자하여 장학재단을 설립하겠다는 것인데, 눈에 넣어도 안 아플 자식들과 손자손녀가 있는데 어떻게 그런 생각을 하셨을까 싶다. 대단하고 존경스러울 뿐이다.

7년이라는 시간 동안 전국 방방곡곡의 아이들을 하나의 네트워크로 뭉치게 해 주신 멘토님을 위해 이젠 우리가 보답하고 나아가야 할 것 같다.

먼 훗날 언젠가 멘토님은 우리 곁을 먼저 떠나시겠지만, 이종규라는 이름 아래 동생들과 하나가 되어 이 모임 활동을 평생 이어 나가고 싶다.

삶의 계단에서 만난 소중한 인연들

2기 노대창

작은 거인 이종규 멘토님

멘토님과의 인연은 2011년 코멘트라는 프로그램에서부터 시작되었다. 당시 대학교 4학년으로 이미 취업을 확정지었던 나는 스펙 쌓기에 열중이던 다른 친구들에 비해 시간이 있었고, 졸업 전에 다양한 경험을 하자는 취지에서 시작한 활동이었다. 가벼운 마음으로 시작했는데 내가 얻은 것은 결코 가볍지 않았다.

멘토님의 첫인상은 '작은 거인'이었다. 예순을 훌쩍 넘기셨지만 작은 체구에서 힘차게 퍼져 나오는 목소리는 지금까지 살아오신 삶에 대한 자신감이었으며 떳떳함이었다.

멘토링 첫 시간에 보여 주신 활동 비전과 멘토님의 당당한 풍채는 나의 가슴을 뛰게 만들었고, 약 8개월 동안 프로그램이 진행되면서 그분의 그러한 자신감을 이해할 수 있었다.

인생 최고의 처세술, 지피지기

돌이켜보건대 멘토님께서 강조하신 내용은 중국 춘추전국시대의 유명한 병법서 《손자병법》에 나오는 내용과 유사하다. 전쟁으로 바람 잘 날 없던 그 시대에 백 번의 전투에서도 위태롭지 않기 위하여 필요한 것은 적을 알고 나를 아는 '지피지기'의 자세라고 이 책은 강조한다. 그리고 이것은 나를 이해하고 미래의 꿈을 이루기 위해 부단히 노력하며, 타인의 마음을 얻기 위한 노력 또한 끊임없이 계속한다면 내가 나의 삶의 주인으로서 성공적인 삶을 살 수 있다는 멘토님의 가르침과도 그 의미가 일맥상통한다.

사실 내용 자체가 그리 어렵지 않기 때문에 나는 멘토님께서 전달하시고자 하는 메시지보다 그 방법에 주목하고 싶다. 자칫 뻔한 얘기로 듣고 흘려버릴 수 있는 내용이지만 멘토님은 다양한 방법으로 우리 각자가 그 내용을 깊이 인식하고 느낄 수 있게 해 주셨다.

다양한 야외 활동은 멘토님이 전달하고자 하는 메시지의 깊은 이해와 능동적 사고 훈련의 계기가 되었으며, 더불어 실천하는 행동의 중요성을 일깨워 주셨다. 또한 한 세대 이상 차이 나는 우리 멘티들과 소통하기 위해 끊임없이 보여 주신 노력과 혹여 잘 따라오지 못하여 활동에 소홀한 멘티가 있어도 끝까지 품고 가려 하셨던 모습은 타인의 마음을 얻기 위하여 어떻게 행동해야 하는지를 몸소 보여 주신 산교육이었다.

인생 매 순간 최고 병법을 행하시는 분인데 그 무엇이 두려웠으랴. 새삼 멘토님의 현역 시절 화려했던 이력에 나도 모르게 고개가 끄덕여졌다.

20대 최고의 선택 중 하나

대부분의 사람들이 그러하지만 나 역시 지나간 과거에 대해서는 관대한 편이다. 이미 흘러간 시간이며 돌이킬 수 없기에 그 기억은 아름답게 남아 있으며, 사이사이 내가 행했던 많은 선택들은 최선이었다고 생각한다. 그리고 특히 삶에 있어 많은 변화를 맞이하고 많은 선택을 해야 했던 20대에 내가 멘토링 프로그램을 신청하고 이종규 멘토님을 만난 건 나의 20대 최고의 선택 중 하나라고 감히 말하고 싶다.

그 선택으로 나는 훌륭한 선생님을 만났으며, 많은 뜻있는 선후배들을 만날 수 있었다. 평소 인적 네트워크를 강조하신 멘토님은 7년간 멘토링 활동을 계속하시면서 전 기수들의 만남을 꾸준히 주선하셨고, 이것이 멘티들의 인적 네트워크 기반이 되기를 바라셨다. 멘토님으로부터 가르침을 받은 멘티들이 각자 분야에서 나름의 방식으로 활약할 것을 믿어 의심치 않으며, 무엇보다 서로 의지하며 함께 걸어갈 수 있는 좋은 인연을 만난 것이 정말 감사하다.

초심을 잃지 않으며 꾸준하게

멘토링 프로그램을 마치고 바로 직장 생활을 시작한 뒤 어느덧 6년이라는 시간이 흘렀다. 적지 않은 시간이 흐르는 동안 회사에서 기대하는 나의 역할과 나의 업무 또한 비례하여, 갈수록 일에 치여 정신없이 하루하루를 보내는 날들이 많아지고 있다.

그러다 보면 나도 모르게 주변 사람들로부터 귀를 닫고 사는 나의 모습을 발견하곤 한다. 이러면 안 된다고 생각하면서도 당장 해야 할 일이 많으니까, 그리고 이 일을 집중해서 빨리 처리하지 못하면 그만큼 퇴근

이 더 늦어진다는 생각이 어느 순간 강박이 되어 나의 귀를 더 닫게 만드는 것 같다. 요즘 이러한 고민을 하면서 내가 초심을 잃은 건 아닌가라는 생각을 해 본다.

좋은 습관을 들일 때 제일 힘든 부분은 꾸준함이다. 단기간의 행동은 자아 의지로 조절이 가능하지만 기간이 늘어날수록 인간은 본능적으로 편안함을 추구하기에 그 행동을 지속하기는 힘들다. 끊임없이 자기 성찰과 주변 사람들과의 소통이 필요한 이유가 이것이라 생각한다.

이번 역시 정신없이 앞만 바라보던 내가 잠시 멈추어 주변을 돌아보는 좋은 계기가 되었으면 좋겠다. 더불어 앞으로도 우리 멘티들과 이런 고민들을 공유하며 서로에게 긍정의 힘이 되기를 희망한다.

처음 걷는 인생길에 나침반이 되어 주신
이종규 멘토님

2기 차민아

글을 쓰기에 앞서 멘토님의 회고록에 저의 글을 실어 주신 멘토님께 깊이 감사 말씀을 드립니다.

2011년, 스물세 살 대학교 졸업반에 이종규 멘토님을 만나 7년이 지난 지금까지를 되돌아보면 나의 인생길에 항상 멘토님이 계셨다.

보건계열(임상병리학)을 전공한 나는 비교적 진로가 명확했음에도 취업을 앞두고 굉장히 갈팡질팡하며 목적지를 바로 설정하지 못했다. 평소 성격이 우유부단하고 결단력이 없는 나는 이미 긴 사회생활 경험이 있으신 멘토님께 도움의 문을 두드렸다.

산본역 앞 스타벅스에서 만난 멘토님은 볼펜과 종이를 꺼내어 나의 꿈, 내가 원하는 것, 내가 잘할 수 있는 것, 또 내 능력으로 갈 수 있는 곳, 도움을 구할 수 있는 인맥 등을 종이에 적으시며 세밀하게 분석해 주시고, 내가 직접 작성한 10년 후의 나의 계획을 토대로 꿈과 목표를 구체적으로 현실화시킬 수 있는 방법을 함께 모색해 주셨다.

그때 멘토님과 함께 결정한 곳에 입사하여 근무한 지 올해로 7년차다. 멘토님께서 가족들과도 내 진로에 대해 의논하셨다는 이야기를 나중에 듣고 큰 감동을 받았다.

2기 멘토링을 마치면서 멘토님께서는 각자의 계획을 담은 《Dream 1004》라는 책을 출판해 주셨는데, 지금 이 글을 쓰면서 '그때 내 꿈이 뭐였지?' 하고 다시 펼쳐 보았을 때 나는 놀라움을 금치 못했고, 왜 멘토님께서 미래의 나의 모습을 말이 아닌 글로 남기라고 하셨는지 알 것 같다. 서른이 된 지금, 내가 직접 작성한 '10년 후 나의 모습'이 대부분 이루어져 있기 때문이다.

1. 병리과에 입사할 것
2. 세포병리팀에서 근무할 것
3. 국내 세포병리사 양성과정에 입학할 것
4. KAC 자격시험에 합격하여 세포병리사가 될 것

학창시절 막연히 세포병리사가 꿈이었던 나는 졸업 후 세포병리팀에 입사하게 되었고, 경력을 인정받아 국립 암센터에서 주관하는 국내 세포병리사 인증시험에 합격하여 현재 세포병리사 자격으로 여성 자궁경부암 조기진단을 위해 일하고 있다. 4년에 한 번 국제세포병리사 시험이 우리나라에서 개최되는데, 마침 올해 국제시험이 있어 차근차근 준비 중에 있다.

나의 꿈과 목표를 기록해 두지 않았더라면, 꿈을 구체화시키지 않았더라면 지금의 내가 존재할 수 있었을까? 멘토님께서 본인의 일처럼 함께 고민해 주셨던 나의 진로와 꿈이 어느덧 구체적으로 실현되고 있었다.

　나는 이런 중대한 일뿐 아니라 여러 가지 고민을 멘토님과 상의하며 조언을 많이 구했었다. 학교의 울타리에서 벗어나 독립적인 사회인이 되면서 으레 겪게 되는 많은 고민들. 동료와의 갈등, 상사나 후임과의 갈등, 업무적인 어려움, 직장의 권태기를 비롯하여 가정의 어려움, 대인관계 등 정말 다양한 고민거리들을 들고 멘토님을 찾아가거나 전화 혹은 카톡으로 상담을 하였는데, 그때마다 내가 생각지 못했던 명확한 해답을 주셨고 내 마음을 크게 위로해 주셨다. 인생 대선배님으로서 경험에 빗대어 나에게 주시는 해결책은 정말이지 어디에서도 얻을 수 없는 큰 도움이 되었다.

　인생에서 단 한 분의 인생 멘토가 있어도 그 인생은 성공한 인생이라는 얘기를 들은 적이 있다. 항상 격려와 위로, 가끔은 따끔한 질책으로 나를 성장하게 해 주신 멘토님께 진심으로 감사 인사를 드리고 싶다. 나에게 멘토링 프로그램은 여전히 현재진행형이다.

씨앗이 열매를 맺다

3기 최은영

든든한 아버지처럼, 때론 엄한 선생님처럼 소중한 경험과 지식 그리고 지혜를 바탕으로 내 인생을 또 한번 올바르게 이끌어 주실 멘토님을 만나고 싶다는 생각에 코멘트 프로그램에 지원했다. 그리고 그렇게 이종규 멘토님의 멘티로 선발되어 1년 동안 함께하게 될 9명의 멘티들과 멘토님을 만나게 되었다.

멘토링 시작 당시, '교육! 더 나아가서는 영양교육을 하는 사람이 되고 싶다', '거칠고 험난한 이 세상에 따뜻함과 사랑의 에너지를 불어넣어 줄 수 있는 사람이 되고 싶다'는 막연한 꿈을 가지고 있었다. 어디서부터 어떻게 꿈을 이루어야 할지도 모른 채….

그런데 1년이란 시간 동안 멘토님께서는 멘티들에게 꿈, 습관 그리고 나 자신 돌아보기에 대해 강조하셨고, 매달 특별활동을 통해 롤모델을, 중증뇌성마비 장애를 가진 친구들을, 동대문과 남대문시장의 상인들을, 각자의 자리에서 자신의 몫을 하며 살아가는 많은 이들을 만나볼 수 있는 기회를 주셨다. 그들의 행복한 미소를 보며, 어떤 일을 하든 자긍심을 가지고 자신이 하는 일의 가치를 인정하는 것이 중요하다는 것을 다시금 깨달았다. 그래서 처음으로 나 자신을 돌아보게 되었고, 산행을 하며 인생을 배웠으며, 돈보다 중요한 것이 존재한다는 것과 지금 이 순간의 소중함을 깨달았다. 이 모든 것이 멘토링을 통해서 배우게 된 것들이다.

멘토링을 통해 내 재능을 온전히 발휘할 수 있는 곳에서 내 몫을 살아가는 것이 중요하다는 것을 알았고, 사회인이 되어서도 '영양교육'이라는 꿈을 이루는 기회가 있을 때까지 영양사 업무에 충실히 임했다. 물론 사회인으로서 첫 발걸음은 힘들었지만, 그때마다 멘토님이 강조하신 공동체 속에서 아무 불평 없이 주어진 자기 임무에 충실한 '발'과 같은 역할을 하겠노라 다짐하며 고비를 넘겼다.

그러다 보니 회사에서도 나의 재능과 목표를 인정해 줘 외국인학교로 발령을 내주었고, 내외국인들에게 푸드서비스는 물론 원하던 영양교육을 실현할 기회를 얻기도 했다. 나아가 이러한 경력을 토대로 대형병원 영양사로 이직하여 암환자를 위한 영양교육, 쿠킹클래스를 진행하는 등 자연스럽게 원하던 꿈에 한 걸음씩 나아가고 있다. 완벽하기 위해 종종걸음을 치는 것이 아니라 안단테 칸타빌레! 천천히 걷는 속도로 말이다.

내 꿈을 구체적으로 생각하고 그 꿈에 한걸음 다가가는 계기가 된 이종규 멘토님과의 멘토링. 멘토님의 가르침과 사랑은 내가 성공적인 삶을 살아가기 위해 도움이 될 열매를 맺게 해 주었다. 또한 3기 엎드림(Up! Dream) 멘티들을 비롯해 다른 기수 멘티들과의 소중한 인연을 맺게 해 주심에 감사함을 느낀다.

엎드림(UP Dream) 활동을 통한 인생 변화

3기 유현우

'엎드림(UP Dream)'은 2012년 이종규 멘토님과 함께 한국장학재단 코멘트 멘토링 3기로 활동하면서 사용한 팀명이다. 우리 팀명은 엎드리다 할 때의 '엎드림'과 'UP Dream'의 중의적인 뜻을 내포하고 있는데, 즉 다른 사람을 섬길 줄 아는 '서번트 리더십(servant leadership)'을 통해 우리 각자의 꿈(Dream)을 업그레이드(Upgrade)하자는 의미를 가지고 있다.

지금 와서 생각해 봐도 우리 업그레이드팀의 컬러와 멘토님의 인생관 및 멘토링 주제와도 딱 맞아떨어지는 아주 훌륭한 팀명이라고 생각한다.

엎드림(UP Dream) 활동 전

많은 젊은이들이 그 어느 때보다도 방향성을 잃고 표류하며 갈팡질팡 살아가고 있는 이 시대, 나 역시 방향을 잃고 바다에 표류하고 있는 배와 같은 삶을 살고 있었다. 그 누군가는 '아프니까 청춘이다', '천 번을 흔들려야 어른이 된다'는 말로 젊은이들을 위로하려 했지만, 나는 이러한 위로들에 공감할 수 없었고 이렇게 공감할 수 없는 허울뿐인 말들은 내 인생에 힐링이 되어 주지도 못했다.

그러한 목적 없는 삶을 살아가던 어느 날 한국장학재단의 코멘트 멘토링 프로그램을 알게 되었다. 나는 올바른 비전과 방향을 제시해 주고 삶의 지혜를 제공해 줄 진정한 멘토를 간절히 원하는 마음으로 2012년 2월 한국장학재단 코멘트 멘토링 3기에 지원하게 되었다.

내가 지원한 분은 이종규 멘토님으로, 이유는 그분의 입지전적적인 인생 역정보다는 환하게 웃고 계신 프로필 사진이 내 마음을 사로잡았기 때문이다. 지원서를 작성하고 떨리는 마음으로 지원 결과를 학수고대하던 시간들, 3월 발표일, 합격의 기쁨, 코멘트데이에 대한 기대감, 그 기나긴 과정들을 거쳐 드디어 멘토님과 다른 멘티들을 처음 만나던 코멘트데이의 추억은 아직까지도 생생하기만 하다.

엎드림(UP Dream) 활동 중

2012년 4월 7일 고려대학교 화정체육관에서 열린 코멘트데이에서 멘토님과 다른 멘티 친구들을 처음 만난 이후 우리 엎드림(UP Dream) 팀은 매달 멘토링 활동을 진행했다. 첫 만남부터 멘토님께서 주옥같은 말씀들을 들려주셨지만 가장 기억에 남는 것은 우리 모두 지구상에 하나밖에 없는 소중한 존재라는 말씀이었다. 처음 코멘트 데이의 짧은 멘토링을 통해서 나 스스로 정말로 소중하고 귀중한 존재가 되기 위해 다이아몬드 원석을 갈고 닦듯이 절차탁마(切磋琢磨)하는 노력을 기울여야겠다는 다짐을 했다.

그렇게 시작된 멘토링 활동에서 가장 뜻깊고 기억에 남는 것은 바로 수리산 등반이었다. 수리산 정상에 서서 멘토님으로부터 왜 인생이 등산에 비유되는지 배움을 통해 인생에 대해 깊이 생각해 보는 계기가 되었다. 특히 하산을 하면서 문득 해나 달이 차면 기울듯이 산 정상에 서면 반드시 하산하는 것은 인생의 이치와 같은 것인데 그 하산길에 미끄러져서 추락하지 않도록 정상을 향해 올라갈 때부터 차근차근 기본을 튼튼히 하여 나중에 하산할 때도 잘 내려올 수 있도록 정도를 밟으며 살아가야 한다는 것을 깨닫게 되었다. 역시 중요한 것은 속도가 아니라 방향성이라는 사실을, 그리고 항상 정직하게 나 자신에게 떳떳하게 정도를 가는 길이 늦어 보이지만 가장 빠른 길이라는 사실을 다시 한 번 마음속 깊이 되새길 수 있었다.

즉 수리산 등반을 통해 인생을 배우고 인생에 대해 깊이 생각해 보며 인생의 진리를 깨우치는 귀중한 시간이 되었다. 더구나 우리가 멘토님과 함께한 등반이 바로 인생의 이치(理)를 닦고 익히는(修) 과정이었는데 그것을 다름 아닌 수리산(修理山)에서 하게 되다니, 지금 생각해 봐도 참으로 묘한 인연이 아닐 수 없다. 아마 멘토님의 깊은 혜안과 철두철미한 계획에 따른 결과는 아니었을지….

이런 인연 때문이라도 수리산 등반은 평생 잊지 못할 추억이 되었다. 그동안의 어떤 강의, 체험보다도 많은 것을 느끼고 생각하고 깨달으며 나 자신과 대화할 수 있었던 수리산 등반. 어디서 억만금을 주고도 살 수 없는 값지고 참된 경험이었다. 이외에도 나는 엎드림(UP Dream) 활동을 하면서 멘토님으로부터 공동체에 헌신하는 삶, 자신이 속한 집단에 기여하며 더불어 사는 삶, 주변의 어렵고 힘든 사람과 함께하는 삶, 내가 속한 국가와 조직에 충성하는 삶 등에 대해 배웠다.

엎드림(UP Dream) 활동 후

2012년 엎드림 활동을 통해 나는 인생을 한 단계 발전시킬 수 있었고, 보다 성숙한 내가 될 수 있었다. 그리고 멘토님의 가르침 덕분에 큰 어려움 없이 많은 사람들이 갈망하는 금융권 대기업에 취업했다.

그러나 간절하지 않고 나의 적성을 고려하지 않은 묻지마 지원은 결국 좋지 않은 결말을 맞이하게 되었다. 입사한 지 얼마 되지 않아 회사를 그만두고 대학원에 진학하게 된 것이다. 그로부터 3여 년의 시간이 흐른 뒤 석사학위를 취득하였으며, 현재는 박사과정에서 전공인 지식재산권법을 공부하고 있다.

솔직히 지금도 가끔 만일 멘토님을 대학교 4학년이 아닌 더 일찍 만나 내 꿈과 적성에 대해 깊이 생각하고 보다 진지하게 인생과 직업에 대해 설계하고 목표를 가졌더라면 인생이 많이 달라졌을 텐데 하는 후회 섞인 생각을 하곤 한다.

어찌 보면 나는 진로설계에 실패한 대표적인 케이스로 대부분의 친구, 대학 동기, 전 직장 동기들은 어느새 각자의 위치에서 자리를 잡고 가정을 일구고 자식까지 낳았는데, 나는 아직 대학원생으로 공부하면서 불투명하고 불확실한 삶을 살고 있기 때문이다.

그러나 나는 대학원 생활을 통해 비로소 나의 모습과 적성, 내가 모르고 있었던 능력을 발견하게 되었고, 이를 통해 새로운 그러나 나의 진정한 인생과 직업에 대한 꿈과 목표를 가지고 있기 때문에 조금 돌아왔을 뿐 오히려 전화위복(轉禍爲福)이 되었다고 생각하며 그렇게 만들기 위해 노력하고 있다.

지금도 가끔 멘토님과 카톡이나 문자를 주고받는다. 멘토님은 계속 가르침을 주시고 주옥같은 말씀과 함께 교훈을 주신다. 우리 엎드림(UP Dream) 팀의 멘토링 활동은 2012년에 끝났지만 멘토님과의 멘토링은 여전히 진행 중이다.

그리고 우리는 함께 새로운 꿈과 목표를 공유하게 되었다. 멘토님과 1기~7기 멘티들이 모여 이 사회에 공헌하고 기여하기 위한 단체를 설립하고 운영하는 일, 바로 그것이다. 멘토님을 중심으로 한 우리 단체에 공헌하고 기여할 수 있는 내가 되기 위해 노력할 것이고, 예전에 멘토링 하면서 꿈꾸었듯이 나 또한 현재 멘토님처럼 다른 누군가의 멘토가 되어 나의 롤모델인 아리스토텔레스처럼 훌륭한 제자이자 스승이 되겠다는 꿈, 그리고 궁극적으로는 수신제가치국평천하를 이루겠다는 다짐을 이번 기회에 다시 해 본다.

또한 멘토님의 자서전에 나의 글이 실릴 수 있는 영광스러운 기회를 주셔서 감사드리고, 모든 멘티들에게 "수리산 등반에서 느끼고 배운 것들을 통해 인생의 이치(理)를 깨달았다면 이를 잊지 말고 분골쇄신(粉骨碎身)하는 마음으로 계속 닦아(修) 나가는 돈오점수(頓悟漸修)의 자세를 가지자!! 이와 함께 '수리수리마수리' 각자 자신의 꿈과 소망을 담아 마법의 주문을 걸고 그 마법의 주문이 현실이 될 수 있도록 매사에 최선을 다한다면 각자 자기 자신을 한 단계 업그레이드시킬 수 있을 것이며, 자신의 꿈을 세상에 업로드할 수 있을 것이다"는 말을 드리고 싶다. 우리 모두 파이팅!!

4년 후, 성장한 나를 돌아보다

4기 주성은

2013년도 이종규 멘토님께 멘토링을 받으며 사회에 첫발을 내딛었다. 취업이 어려운 때였던 만큼 사회의 대선배이신 멘토님께 많은 자문을 구했고, 회사를 만나는 것은 배우자를 만나는 것과 같으며, 그만큼 신중을 기하고 전심을 다해 그의 마음을 얻기 위해 노력해야 한다는 멘토님의 조언을 가슴에 새겼다.

그래서 이랜드에 지원서를 냈을 때 이런 말을 썼다. '내 미래의 배우자, 이랜드'. 그리고 내 남자, 내 여자를 만난 것처럼 준비하는 마음으로 면접에 임했다. 단정한 외모도 기본이지만, 그만큼 정성을 들여 기도하는 자세로 준비했다. 인적성 발표가 나기 전부터 1차 면접을 준비했는데, 특별히 이랜드 브랜드들을 돌면서 스스로 맛, 서비스를 평가하면서 포트폴리오를 작성했다. 그가 나의 인연이라면, 인적성 시험은 통과하리라고 말이다.

이랜드 인적성 발표가 났고 다행히 1차 면접의 기회가 주어졌다.

이종규 멘토님의 가르침 중에 과거 롯데백화점에 지원한 멘티에게 롯데백화점에 가서 며칠간 오픈부터 클로징까지 세심하게 관찰해서 느낀 점을 하나하나 기록한 후에 면접관에게 제시하고 면접에 응해 보라는 것이었다.

나도 내 인생의 배우자인 기업을 만난다면 이러한 노력을 해야 할 것 같기에 포트폴리오를 준비했다. 나의 실력은 초보였지만, 정성과 진심을 알아주었으면 하는 마음으로 만들었는데 진심이 통한 것 같다. 1차에서 합격했고 합숙 면접에 갈 수 있는 기회를 얻었다.

최종 면접 준비를 할 때 새로운 포트폴리오 작성에 대한 고민이 컸다. 여기서 떨어질지도 모르므로 다른 기업에 지원서를 내야 한다면 포트폴리오를 작성하고, 블로그 포스팅을 하고, 매장 방문을 하고, 다른 대외활동을 진행할 여유가 없다. 올인하는 것이 좋은가, 아니면 그래도 플랜 B를 만들어 놓는 것이 좋은가에 대한 문제였다. 그 부분에 대해서는 고민이 컸지만 다른 곳 원서를 안 쓰고 이랜드에 올인하면서 결과를 기다렸다.

이랜드에 올인할 것인가에 대한 고민을 품은 채 멘토링 MT에 갔다. 선배님들의 좋은 이야기도 들을 수 있었고, 선배님들에게 조언을 구했을 때는 이랜드만 지원하기에는 리스크가 크니까 다 지원하라고 했다. 그 말에 더욱 불안에 휩싸였고 고민도 되었다. 현실적인 조언이긴 하지만 로맨티스트적인 성격 탓에 다른 기업을 이랜드만큼 사랑하지 않으니까 쓰고 싶지 않았다.

고민 끝에 멘토님께 조언을 구했다. 멘토님께서는 이랜드에 올인하라고 말씀하셨다. 그 말씀을 기준으로 방향을 정할 수 있었고, 심적 안정도 얻을 수 있었다. 멘토님께서는 '기업=배우자'라는 말씀을 통해서 다시 한 번 내게 조언을 해 주셨다. 한번 올인하고 최선을 다해 준비해 보는 것도 좋은 경험이고 교훈을 얻을 수 있을 거라고 하셨다. 처음 멘토 님께 이랜드 자소서 및 타 기업 자소서를 보여 드렸을 때 멘토님께서 하 신 말씀이 있었다. 이랜드가 너에게 가장 잘 맞는 기업인 것 같다는 것!

그렇게 들어간 이랜드에서 10여 개가 넘는 외식 마케팅 프로젝트를 하고, 성과도 내보고, 프로젝트 매니저도 해 보고, 잠시였지만 팀장 대 행과 프로젝트 디렉터 역할까지 맡아 보았다. 아침 7시 출근에 새벽 1~2시 퇴근까지 워커홀릭처럼 일했던 시간이 당시에는 힘든 부분도 있었지만 폭풍 성장할 수 있는 시간이었고, 기회를 준 회사에 감사한 다. 이랜드가 아니었다면 이렇게 다양한 일과 큰 일들을 해 보지 못했 을 것이다.

이랜드에서 3년을 보내고 지금은 아워홈으로 이직하였다. 아워홈을 준비할 때도 멘토님께서 가르쳐 주신 그 마음 그대로 서류와 면접을 준비했다. 면접시험 전에 아워홈 외식 브랜드를 모두 방문하고 포트폴 리오를 작성하였다. 내가 사랑하는 사람의 모든 것을 알고 싶다는 마 음으로.

나는 크리스천이고, 내 삶의 전부를 이 글에 담을 수는 없지만 내 삶 안의 세세한 부분까지 하나님께서 이끌어 주시는 그분의 손길을 항상 느낀다. 고등학교부터 대학교 때까지 그리고 이랜드와 아워홈을 준비 할 때도 동일했다. 그리고 멘토님을 만난 것도 하나님께서 주신 인연이 라고 생각한다. 멘토링을 하면서 사회생활에 있어서의 기본 태도와 마 음가짐을 멘토님께 배웠고, 나는 배운 만큼 내가 알고 있는 하나님을 멘토님께 알려 드리고 싶은 것이 앞으로의 나의 소망이다.

최근에 같은 기수 멘티들과 모임을 가졌다. 항상 팀장으로서 제대로 역할을 못한 것 같은 미안함이 있었다. 내 시간과 내 일이 팀장이라는 책임보다 우선되었던 것 같다. 팀장이란 기득권을 갖는 자리가 아니라 희생해야 하고 먼저 앞장서야 하는 자리인데, 그 부분에서 많이 미흡했던 것 같다.

멘토링도 마찬가지인 것 같다. 사회에서 이미 지위도 있으시지만 청년들을 사랑하는 마음으로 베푸시고 조언하시는 멘토님의 희생과 사랑의 마음이 느껴진다. 최근에 들어서 멘토님이 만들어 주시려는 멘토링 기수 간의 끈끈한 인연의 소중함과, 관계를 만들어 주시려는 멘토님의 사려 깊은 배려의 소중함이 느껴진다. 멘토님께서 연결해 주신 이 인연을 계속해서 더 끈끈하게 이어 나가고 싶다.

인생의 점(Dot)

4기 김동은

애플 창립자인 스티브 잡스는 스탠포드대학교 졸업식 연설 중 이런 말을 했다. "인생은 점과 점이 연결된 것이다." 청춘 시절, 그가 겪은 여러 경험들이 훗날 애플이란 회사의 성공에 많은 영향을 미쳤다. 우리가 20대에 겪는 다양한 일들 또한 미래에 나비효과처럼 어떻게 다가올지 모른다. 코멘티 활동이 내게 준 나비효과를 떠올려보며 지난 4년의 시간을 돌이켜보고자 한다.

1) 좋은 동료를 만나다

2013년 활동했던 코멘티 4기에는 동연이라는 친구가 있었다. 이 친구와 나는 발명을 같이 하고 함께 창업도 했다. 우리가 개발한 아이템은 '손 없이 유모차를 끌 수 있게 해 주는 보조기구'였다. 현재 대한민국 특허청에서 특허 등록을 받기도 한 이 아이템은 코멘티 활동에서의 영향을 통해 개발하게 된 것이다.

이종규 멘토님께선 활동 중 1004개의 꿈을 적어 보라 하시며, 내게 맞는 재능과 적성을 찾아보라고 조언해 주셨다. 내가 코멘티 활동에 참여한 것이 대학교 2학년 때인데, 참여하기 전에는 학교와 집만 오가며 열정 없이 지냈었다. 그러나 멘토님과 1년이라는 시간을 함께 보내며 나도 모르는 사이 긍정적인 영향을 받게 됐다. 활동 종료 즈음에는 하고 싶은 일이 잔뜩 생겼고, 할 수 있다는 자신감이 샘솟았다.

마찬가지로 열정 넘치던 4기 동연이라는 친구와 함께 나는 발명 활동에 뛰어들었다. 우리는 몇 달간 밤을 새워가며 유모차 보조기구를 개발했다. 그러다 이 아이템을 타이페이에서 열리는 국제발명전시회에 출품할 수 있는 기회를 얻게 됐다. 우리는 같이 대만으로 날아가 국제대회에 도전했고 최종적으로 4개의 국제상을 수상했다. 이런 자신감을 바탕으로 성균관대학교 창업경진대회에도 출품해 은상을 수상했다.

하지만 이 모든 것보다도 코멘티 활동이 내게 준 막대한 영향은 성균관대 편입이라는 사건이다. 멘토링 활동 당시 나는 숭실대학교 컴퓨터공학부에 재학 중이었다. 성균관대 편입 전형은 영어 33%, 수학 33%, 서류 34% 비율로 평가된다. 그런데 코멘티 활동을 통해 국제발명전시회에서 수상을 했고, 또 성균관대 창업경진대회에서도 수상을 해 타 대학교 학생임에도 총장상을 받게 됐다. 따라서 서류 전형에서 만점을 받았고, 수학과 영어 시험도 잘 치러 편입시험에 합격했다.

스티브 잡스가 말한, 지금 내가 겪는 점이 나중에 어떤 영향을 미칠지 알 수 없다는 말을 나는 직접 경험했다. 만약 내가 코멘티 활동을 하지 않았다면 발명도, 창업도, 편입도 하지 못했을 것이다. 코멘티는 내 인생의 터닝 포인트였다.

2) 건강관리를 하고, 훌륭한 선배들을 만나다

다른 측면에서의 나비효과도 있다. 먼저 이종규 멘토님께 배운 가장 좋은 습관은 '체력관리'다. 한국장학재단이 위치한 서울역 연세세브란스빌딩에서 우리는 자주 모임을 가졌다. 그때마다 멘토님께서는 네다섯 시간 동안 강의를 하셨는데, 지치시지 않고 항상 건강하고 열정이 넘치셨다. 언젠가 여쭤 보니, 매일 새벽마다 등산이나 자전거 타기를 하는 것이 그 비결이라 하셨다.

20대 때부터 건강관리를 하지 않으면 나중에 습관을 잡기가 더욱 힘들다는 이야기가 있다. 멘토님의 체력을 지켜보며 나도 본받고 싶다는 생각을 했다. 이런 생각이 습관이 되어 현재 나도 꾸준히 운동을 하고 있다. 멘토님의 가르침이 없었다면 확립할 수 없었을 점(Dot)이다.

다른 영향으로는 코멘티 1기~3기 선배들로부터 전해 들은 간접 경험을 꼽고 싶다. 대학생 입장에서 회사에 다니는 직장인 선배들을 볼 기회가 적은데 코멘티 활동은 내게 이런 갈증을 충족시켜 주었다. 선배들의 직장 생활 이야기, 그리고 30대에 접어들면 하게 되는 생각 등을 전해 들으며 언젠가 나도 겪게 될 상황을 미리 생각해 볼 수 있었다. 이런 고민을 통해 '어떻게 살아야 행복한지', '내가 미래에 해야 할 일은 무엇인지'에 대해 끊임없이 찾아 나갔다.

현재 내가 걷고 있는 길의 8할은 코멘티에서의 경험을 통해 시작된 것이다. 그리고 앞으로도 이종규 멘토님의 멘티였다는 것은 큰 나비효과로 남을 것이다.

2% 부족한 나지만, 멘티들과 함께라면

5기 남청재

멘토님은 눈앞에 펼쳐진 현실을 보라고 하셨다. 그제서야 본 현실은 냉정했다. 한국은행이 국내 기업 전체 실적을 분석해 놓은 자료에 의하면 국내 113,155개 제조업체의 매출액이 전년에 비해 0.5% 증가에 그쳤다. 이는 1998년 외환위기로 우리나라 기업이 줄도산했던 0.7%보다 못한 실적이다.

우리나라를 거칠게 몰고 나갔던 제조업의 엔진이 식으면서 국내 산업을 이끄는 대표 기업들의 실적 쇼크는 상상이 되지 않을 만큼 심각하다. 대학만 졸업하면 취업은 걱정 없던 시절은 가고, 50대 이상의 취업률이 20대의 취업률을 역전했다. 또한, 청년 자영업자 10명 중 6명은 2년 내에 폐업한다고 한다.

창업만 생각해 오던 나는 어려운 현실 속에서 고민이 생겼다. 성공할 수 있을까? 실패해도 다시 일어날 수 있을까? 여러 가지 생각이 뇌리를 스쳐갔다. 사실 멘토링 전에도 이런 현실을 알았지만 애써 부정해 왔던 것 같다. 이 문제에 대한 두려움으로 고민에 잠겨 있을 무렵, 연합 멘토링을 하게 되었다. 이때 멘토님과 선배님들이 앞으로의 방향성에 대해 해답을 주셨다.

그에 대한 해답은 이렇다. 하고 싶은 것이 있으면 꼭 해라. 카지노는 확률이 적은 게임이지만 사람들이 하고 싶으니까 그냥 하러 간다. 카지노에서 돈을 잃은 사람은 돈은 잃었지만 하고 싶은 것을 했기 때문에 마음이 가뿐하다. 그리고 행복하다.

가난 극복에 초점을 맞추기보다는 꿈을 쫓아라. 실패에 대한 리스크를 줄이기 위해 일보전진을 위한 이보후퇴라 생각하고 취업을 해라. 거기서 관련 경험과 인맥을 쌓으며 자본금을 모아라. 자본금과 지식을 가지고 도전하라. 그래도 인생은 롤러코스터와 같기 때문에 실패할 수가 있다. 여기서 포기하지 말고 축적된 경험을 바탕으로 다시 도전해라. 멘토님과 선배님들의 진심어린 답이었다.

이 조언을 듣고 지금은 취업을 한 상태다. 그리고 능력을 배양하는 중이다. 하지만 언젠가는 회사라는 울타리에서 벗어나 세상을 마주하는 날이 오리라는 희망을 가지고 행복한 하루하루를 보내고 있다.

만일 멘토링이라는 네트워크가 없었다면, 일보전진을 위한 이보후퇴를 택할 수 있었을까? 학교와 출신이 다르지만 서로의 다름을 인정하고 2% 부족함을 채워 주는 우리 멘티들을 만난 것은 행운임에 틀림없다.

인생의 기본을 터득하게 만들어 준 멘토링 활동

5기 한소희

이 글을 시작하면서 먼저 그 시절 스물한 살의 나를 칭찬해 주고 싶다. 어쩌면 그렇게 좋은 모임을 선택했는지, 이 멘토링은 우연이자 운명이었다. 미성숙하지만 가치관이 조금씩 갖춰지는 이십 대 초입에 하루라도 빨리 시작하게 되어 참 다행이었다.

나는 이 활동을 통해 조금 더 단단해지고, 조금 더 느슨해졌다. 모순적인 텍스트다. 하지만 지난 1년을 모두 함축한 언어라고 할 수 있겠다. 전자는 너무 사소해서 그만 지나칠 수 있는 모든 것에 대한 관심이고, 후자는 연합 멘토링, 봉사활동, 팀 등산을 통해 얻은 네트워크다.

언제나 강조하셨던 '정말 기본적이지만 꼭 지켜야 할 것들', 시간, 원칙, 규율은 나의 삶 속에 이미 편리한 대로 흐트러져 스미어 있었기에 지금도 여전히 힘든 구석이 많긴 하다. 그렇지만 일상 속에 항상 의식해 두고 곧잘 생각에 잠긴다. 언제든 불쑥 이 세 가지에 대한 생각이 찾아와도 당황하지 않고 반겨줄 수 있는 마음가짐. 물론 멘토님은 꼭 지켜야 하는 것이라고 가르쳐 주셨지만, 이 마음가짐도 아직은 어리광

부리고 싶은 어린 제자의 배움으로 올라가는 한 단계에 있는 것이라고 볼 수 있지 않을까 생각한다. 또한 이 믿음이 앞으로 어른이 되어 가며 겪는 어려움에서는 행동력이 되어 나를 나아가게 해 줄 것이라 확신한다.

내가 이 모임에서 받은 가장 큰 감정은 신선한 충격이었다. "하루 6분의 1 시간인 4시간을 어떻게 사용해야 보람차게 잘 썼다고 할 수 있을까?"에 대한 대답은 봉사활동이다. 고등학교 때는 종종 지체장애인 봉사를 갔었는데, 대학생으로서는 우리 팀과 함께 간 것이 처음이었다. 또래의 눈으로 보던 친구들과 언니, 누나의 입장이 되어 간 활동은 확연히 다른 느낌을 주었고, 근 5년 중 가장 뿌듯했다.

그리고 수리산 등반은 팀워크의 본질에 대해 몸과 마음으로 큰 깨달음을 얻은 활동이다. 약간은 개인적이고 꽤나 방어적인 나는 그때서야 팀워크와 팀원에 대해 진정한 의미를 찾을 수 있었다. 사람을 진심으로 믿고 진심으로 위한다는 것이 무엇인지 알았다. 팀뿐만 아니라 타인에 대한 믿음과 사랑을 배웠다. 그래서 직장인이 된 나는 조금 더 여유로워지고 조금 더 유연해졌다.

마지막으로, 사랑스러운 1~7기 멘티들의 이야기로 글을 줄이려 한다. 먼저, 이 네트워크를 처음 열어 주신 멘토님께는 말로 형용할 수 없는 고마움이 가득 넘친다. 또한 즐겁고 슬픈 일을 나누며 시너지 효과를 내는 그들과 함께했기에 나는 더 지혜롭고 행복한 사람이 되었다고 생각한다. 때론 사회 문제에 대해 우리가 어떻게 해야 더 나은 미래를 만들 수 있을까 깊이 고민해 보고, 때론 밖에서 따로 만나 세상에서 가장 행복한 사람들처럼 웃으며 걱정을 흘려 버렸다. 멘토님과 그들이 있어 오늘도 내 삶은 조금 더 찬란하게 반짝인다.

나를 찾을 수 있었던 시간, 멘토링

6기 진한별

자신의 인생에 훌륭한 멘토가 한 명이라도 있다면 그 삶은 성공한 삶이다. 대학교 2학년 때 이종규 멘토님과의 멘토링을 마무리하며 내게 남은 말이다.

학창시절의 나는 수동적이고 조용한 아이였다. 남들 앞에 나서기를 꺼려하고 친구들과 어울리기보다는 혼자 있는 시간을 좋아하는, 좋아하는 것이 있는 것도, 딱히 싫어하는 것이 분명한 것도 아닌 그런 미지근한 성격을 가진 채 대학에 들어갔고 성인이 되었다.

첫 만남에서 멘토님은 6기 멘티들에게 "왜?"라는 물음을 던지셨다. 왜 사는지, 왜 노력을 하는지, 왜 꿈을 가지는지. 더 나은 사람이 되고 싶다면 그 물음의 끝에서 스스로를 되돌아보라, 그리고 바꾸고 싶은 것이 있다면 노력해서 스스로를 변화시킬 줄 알아야 한다. 변화하기 어려운 것이라면 혼신의 힘을 다해서라도 변화하도록 노력해야 한다.

멘토님의 그 말씀은 첫 시간부터 나에게 큰 자극으로 다가왔고, 멘토링은 시작부터 하나하나 나에게 빠르게 스며들었다.

사소하게는 습관의 중요성, 시간 약속을 엄수하는 것, 언제나 스스로를 되돌아보는 것부터 시작해서 늘 자기관리를 하는 것, 목표의식을 가지는 것, 자신의 꿈과 비전에 대해 매 순간 생각하는 것. 당연하게 생각했던 것들을 교육을 통해서 다시 한 번 머릿속에 새겼고 발표 수업을 하며 자신의 생각을 정리해 볼 수 있었다. 그중에서도 나에게 가장 크게 남은 말씀은 '삶의 주체성을 가지는 것'이었다. 스스로를 위해 혼신의 힘을 다하기 위해서는 능동적인 사람이 될 필요가 있고 주체의 자리에 스스로를 세워야 한다는 생각이 들었다.

멘토링을 마치면서 6기 전원이 함께 자신의 꿈과 목표와 미래 비전에 대해 발표했을 때, 나는 유행에 따르지 않고 자신만의 신념과 가치관을 가지고 살고 싶다고 했다. 멘토링을 마치며 결심한 나의 목표였다.

공식적인 멘토링이 끝나고 2년이라는 시간이 흘렀다. 작년 겨울, 캐나다 교환학생을 끝내고 혼자 남미 여행을 떠났다. 낯선 곳에서 혼자가 되었고 길 위에서 많은 사람을 만났다. 너무나 다양한 삶을 가진 사람들, 자신만의 신념과 가치관을 가지고 살아가는 사람들, 그 속에서 나는 다시 한 번 스스로의 삶을 되돌아보았다. 이대로 학교로 돌아가서 졸업을 하는 것이 맞을까. 나의 목표는 무엇인가. 그리고 다시 돌아온 한국에서 워킹홀리데이를 떠나겠다는 생각으로 2년간의 휴학을 결심했다.

왜 편하게 학교 다니고 졸업할 생각을 하지 않고 또 나가느냐고 묻는 사람들, 졸업을 앞둔 동기들, 그리고 2년 후로 졸업을 미룬 나. 내가 내린 결정이 내 미래에 해가 되지 않을까, 다른 사람들보다 뒤처지지 않을까, 많은 생각을 하며 흔들렸다.

지난 9월, 멘토님의 부름에 의해 1기부터 7기까지 선후배들을 만났다. 모두 각자의 분야에서 빛나고 있는 분들이었지만 단 한 분도 같은 색을 가진 분은 없었다. 그리고 다시 나의 삶에 대해 '왜?'라는 물음을 던졌다. 왜 나는 다시 낯선 땅에서 혼자가 되려고 하는지, 왜 다시 떠나기 위해 아침부터 저녁까지 아르바이트를 하고 돈을 모으고 있는지, 단순하지만 정답은 내가 원하기 때문이었다. 낯선 땅에서 다시 혼자가 되고 익숙한 곳을 떠나 새로운 자신을 발견하고, 변하고, 조금 더 성장하며 단단해지는 내가 보고 싶었다.

그리고 다시 그 생각의 끝에서 내 자신을 찾을 수 있었다. 세상에 같은 색의 삶을 가진 사람은 없었다. 나는 멘토링의 끝에서 결심했던 것을 다시 떠올렸다. 중요한 것은 자신이 어디에 있더라도, 무엇을 하더라도 스스로를 알고 역할에 최선을 다하는 것이라는 생각이 들었다.

멘토링은 끝났지만 멘토님이 주신 가르침은 내 삶의 곳곳에 남아 있다. 때로는 실패를 극복할 수 있는 힘을 주고, 여전히 나를 발전하게 만들어 주며, 내가 어떤 사람이었는지를 떠올리게 해 준다.

먼 훗날 나의 이십 대를 돌아보았을 때도 모든 도전과 경험의 시작점에는 멘토링이 있을 것이라고 생각한다. 6기의 일원으로서 멘토님의 멘티로서 스물한 살의 나를 변화시켜 주고 발전시켜 준 일 년이라는 시간, 그 속에서의 모든 것에 감사하고, 누구보다도 이 글을 쓰면서 다시 한번 그때를 떠올릴 수 있게 해 주신 멘토님께 무한한 감사함을 느낀다.

나는 행운아다

6기 김효빈

오랜만에 멘토링 책을 펼쳐 보았다. 머릿속에 많은 생각들이 스쳤다. 정말 열심히 살았었구나, 정말 많은 것을 배우고 느꼈었구나, 그리고 3년이라는 시간 동안 나는 참 많이 성장했구나.

멘토링을 시작할 당시의 나는 가진 것이라곤(흔히 스펙이라고 말하는) 하나 없는 그저 패기만 가득했던 복학생이었다. 꿈도 명확하지 않았고 미래도 불투명했다. 다행히 하고 싶은 걸 해 보리라는 마음가짐은 있었다. 그래서 여러 가지 도전을 했다. 스페인 배낭여행, 기자단 활동, 그리고 차세대리더육성멘토링. 갈피를 못 잡던 그때 멘토님을 만나게 된 것은 정말 크나큰 축복이었다.

당시 멘토님의 가르침을 받으며 살아오신 인생과 습관들을 보면서 한없이 철없는 나의 모습이 부끄러웠다. 하지만 한편으론 지금부터라도 열심히 해서 나도 내 인생을 성공적으로 개척해 보자고 생각했다. 그리고 멘토님께서 던지신 "남대문시장의 상품이 될 것인가, 그 옆의 백화점에 진열된 상품이 될 것인가" 하는 물음에 자기계발의 필요성을 절실히 깨닫고 행동하기 시작했다. 그리고 그 행동들은 성장의 문을 하나씩 여는 열쇠가 되어 주었다.

식사 예절, 시간 약속 등 사소한 것에서부터 몸에 배어 있지 않고 마냥 철부지였던 나. 이런 사소한 것이 과연 얼마나 중요할까 하는 의문을 가졌던 시절이 있었다.

회사 생활을 하고 있는 지금, 이 사소함이 업무 능력만큼이나 중요하다는 걸 몸소 느끼고 있다. 멘토님께서 강조하신 '차이로 인한 차별'은 이런 사소한 것들에서부터 시작되어 쌓이고 쌓여 발생하고 있었다. 멘토링을 받지 않았더라면 지금의 나는 이 중요한 진리를 과연 스스로 깨달았을까. 멘토님으로부터 이러한 가르침을 받은 나는 스스로에게 행운아라고 말하고 싶다.

값진 멘토링의 순간순간들, 그러나 때론 힘들기도 했다. 한 달에 한 번 대구에서 서울로 올라오는 과정, 땡볕 아래 등산과 봉사활동을 하던 날은 포기하고 싶다는 생각이 문득 들기도 했다. 하지만 옆에서 함께 땀 흘리는 팀원들을 보며 꿋꿋이 버텼고, 그에 대한 보답으로 꿈을 향해 한 걸음 나아가는 내 자신을 발견할 수 있었다. 만일 팀원들과 함께하지 않았다면 몇십 배는 힘든 과정이 되었을지 모른다. 많이 불안하고 부족한 청춘 시기에 '자기계발'을 목표로 뭉친 동반자들을 만난 나는 다시 행운아다.

멘토링을 하면서 겪은 잊지 못할 경험들. 내 인생의 버킷리스트였던 책 발간을 멘토님께서 이루어 주셨고, 3,000명이 보는 앞에서 수상도 해 보고, 굴지의 대기업 CEO에게 친아버지처럼 애정 표현도 하고, 가르침도 받는다는 것은 정말 과분한 경험이었다.

인생의 멘토를 얻은 것, 그리고 그 멘토가 이종규 멘토님이라는 것. 그 자체로 나는 행운아다.

멘토링 책을 펴보면서 많은 것을 느꼈다. 그동안 바쁘다는 핑계로 참 많은 것들을 잊고 있었구나. 어쩌면 멘토님께서 이렇게 한 페이지의 글을 허락하신 것도 멘토링의 연장으로 다시 한 번 그때의 마음가짐을 새겨보라는 큰 뜻이 담긴 가르침이 아닐까 생각해 본다.

덕분에 초심을 바로잡고 다시 한 번 도약을 준비하는 시간을 갖게 되었다. 이에 또 한 번 감사드린다. 사랑합니다, 멘토님!

사랑한다는 것, 살아간다는 것

7기 이윤하

멘토님과 7기 언니, 오빠, 친구들과 함께하면서 가장 크게 배운 삶의 가치는 사랑입니다. 가장 좋았던 시간도 사랑을 주고받을 때입니다. 다른 때가 아니었습니다. 그때의 사랑이 있고 일 년이 지나, 이번엔 멘토님이 내리는 가치가 아니라 제가 내리는 가치를 써보려고 합니다. '이 아이가 시간이 지나고 어떻게 생각하나' 잘 읽어 주시기 바랍니다.

이 세상에 수많은 사람이 있습니다. 그 수가 워낙 많아 셀 수도 없고 셀 엄두도 나지 않습니다. 희끄무레하고, 까맣고, 하얗게 서 있는 개인마다 그동안 겪은 상처, 힘듦이 있습니다. 지금 그들이 살고 있는 시간에도 이유가 있을 것입니다. 누구에겐 어렸을 때부터 겪어 온 경제적 어려움, 누구는 부모님의 잦은 다툼, 그리고 이혼, 누구는 따뜻한 집, 안락한 환경 뒤에 가려진 억압. 여러 이유가 있을 겁니다.

누구도 한 친구의 삶, 언니나 누나, 오빠나 형, 동생의 삶에 대해 충고할 수도, 다그칠 수도, 가르칠 수도 없다고 생각합니다. 그가 지금의 삶을 이루어 내기까지 눈물도 있었을 테고 슬픔도, 기쁨이나 웃음도 있었을 겁니다. 그가 우리에게 말하지 않은 이야기가 꽤 있을 겁니다. 그가 세상에 제일가는 평범한 사람이라도 말입니다. 그를 사랑한다면, 마음이 간다면, 따뜻하게 바라보고 서로 대화를 나누고 이해해 나가는 과정이 사랑이라고 생각합니다. 그렇게 사랑하고 살아가는 시간이 가장 아름답다고 생각합니다.

'사람에게 하나의 가치만 있다면 그게 사랑이겠구나'를 일 년 동안 멘토님과 7기 언니, 오빠, 친구들에게 배웠습니다. 멘토님의 따뜻한 미소, 뵐 때마다 잡아 주시는 두 손의 온기, 바라는 거 하나 없이 바라봐 주는 언니 오빠들의 눈빛, 친구들의 서로 삶을 존중하며 나누는 대화. 작은 따뜻함이 마음과 마주할 때 가장 보람되었고 가장 좋았습니다.

일 년의 시간은 사랑하며 살아가는 것이 가장 아름답다는 이야기를 제 마음 안에 고이 넣어 주었습니다. 감사했습니다. 감사합니다.

내 인생의 나침반을 만들어 준 멘토링 활동

7기 한힘찬

이전에는 '불가능한 일은 없다. 무엇이든 해낼 수 있다'와 같은 말들을 허무맹랑한 소리라고 여겼습니다. 각박한 경쟁사회에서 분명 모두의 간절한 소원을 들어주기에 삶은 치열한 전쟁터였습니다.

그러면서도 저는 변화되고 싶었고 너무도 간절했습니다. 이러한 삶에 주저앉기엔 제 마음속 갈망이 너무도 컸기 때문입니다. 하지만 맹목적인 열정만으로 성실하게 사는 것이 과연 올바른 삶일까? 자기 분야에 일가를 이룬 분과 잠시라고 함께할 수 있다면 앞선 의문들이 풀리지 않을까?

이렇게 저의 멘토링은 시작되었습니다. 이종규 멘토님은 '분명한 목표와 계획 그리고 행동의 습관화'라는 메시지를 끊임없이 강조하셨고, 나머지는 변주에 불과했습니다. 이제 오랫동안 제 삶을 압도해 왔던 불신의 마음을 밀어두고 어느 정도의 위험을 감수하고서라도 원하는 삶을 위해 노력하고 있습니다.

멘토링을 통해 얻은 가장 소중한 자산이 기수들과 형성된 네트워크라는 사실을 이번 모임을 통해 확인할 수 있었습니다. 사람과 사람 사이의 연대는 개개인의 성공으로 이뤄지는 게 아니라 사려 깊은 배려라는 사실을 배웠습니다. 그리고 사적 이익보다 사회적 가치 향상에 기여할 수 있는 장학재단에 참여할 수 있는 기회를 주신 멘토님과 멘티들에게 감사 말씀을 전합니다.

재단 설립과 운영에 관하여 저의 의견을 올려 보겠습니다.

장학재단은 공익에 이바지하기 위하여 설립되므로 공익성을 그 기본적 속성으로 합니다. 이때 공익이란 불특정인에게 부여되는 이익을 의미합니다. 이러한 원칙으로 볼 때 장학사업에 있어 공익의 개념은 첫째, 학자금 등의 보조 또는 지급을 사업 목적으로 하여야 하고, 둘째, '일반사회의 이익'에 기여하며, 셋째, '비영리성'을 유지할 것 등의 요건이 갖춰진 상태를 의미하는 것으로 요약됩니다.

이번 모임에서는 멘토링 후원자에 속하는 직계 자녀의 학자금 지원의 의미를 밝히셨습니다. 그러나 '불특정인에게 부여되는 이익'과 '비영리성' 유지라는 기존 장학재단의 개념과는 서로 상충되는 것 같습니다. 물론 장학재단의 공익성이라는 공허한 구호만 가지고 재단의 항구적 유지와 재산 보전을 기할 수 없다고 판단됩니다. 따라서 본 재단에서는 공정한 직무수행을 위해 다음과 같은 원칙이 정관에 포함되길 바랍니다.

첫째, 특혜의 배제 원칙은 임직원이 직무를 수행함에 있어 지연·혈연·학연·종교 등을 이유로 특정인에게 특혜를 주거나 특정인을 차별하여서는 아니 됨을 의미합니다.

둘째, 퇴직과 관련 공정한 직무수행은 임직원이 직무 관련자에 해당하는 본 재단의 퇴직자에게 직무상 어떠한 특혜도 주어서는 아니 됨을 의미합니다.

셋째, 예산의 목적 외 사용 금지는 임직원이 출장비, 업무추진비 등 업무수행을 위한 예산을 목적 외의 용도로 사용하여 소속 재단에 재산상 손해를 입혀서는 아니 됨을 의미합니다.

넷째, 인사 청탁 등의 금지 원칙입니다.

끝으로, 투명한 회계 관리 원칙은 임직원이 관련 법령과 일반적으로 인정된 회계원칙 등에 따라 사실에 근거하여 정확하고 투명하게 회계를 관리하여야 함을 의미합니다. 위의 원칙을 위반하였을 경우, 본 재단은 해당자를 고발할 수 있음을 밝혀야 할 것입니다.

한국장학재단 차세대리더육성멘토링 우수활동 상장

 상장 제2012-011호

상 장

우수상 이종규 멘토팀

위 팀은 2011년도 KorMent 우수사례 공모에서
위와 같이 수상하였기에 이 상장을 수여합니다.

2012년 4월 7일

한국장학재단 이사장 이경숙

 상장 제2013-008호

상 장

팀우수사례 부문
대 상   이종규 멘토팀

귀하는 2013년도 KorMent 우수사례 공모에서
위와 같이 수상하였기에 이 상장을 수여합니다.

2013년 4월 6일

한국장학재단 이사장 이

 상장 제2016-005호

상 장

우 수(팀 부문)

이 종 규 나눔지기팀
김보배   김유리   김태호
김효빈   임성철   진한별
최서영

위 팀은 「제6기 차세대리더육성멘토링
우수활동 사례 공모」 에서 우수한 성적을
거두었으므로 이 상장을 수여합니다.

2016년 4월 2일

한국장학재단 이사장 곽 병 선

2012년 KorMent 우수사례 공모 우수상
2013년 KorMent 우수사례 공모 대상
2016 제6기 차세대리더육성멘토링
우수활동 사례 공모 우수팀

각 기수별 명단

	성명	학교	전공	이메일	전화번호
1기	서은경	전주대	상담학과	sek826@naver.com	010-3030-0826
	송은별	공주대	사회복지학과	eunbyel415@naver.com	010-3005-0415
	유한나	나사렛대	언어치료학과	saint0310@naver.com	010-84101-2037
	이다솜	명지대	문헌정보학과	dasomi0324@naver.com	010-9082-8314
	이종훈	홍익대	기계시스템디자인	kaga-kazami@hanmail.net	010-5540-0215
	이지현	충북대	정보통신	wlgusl33@nate.com	010-7115-0020
	전예슬	대구한의대	청소년교육상담학과	rhkdals1555@nate.com	010-3521-8222
	정상길	군산대학	경영회계학부	jobbaje@naver.com	010-5156-8041
	주진호	연세대	생명공학	mamoru23@gmail.com	010-8901-3142
2기	김아영	대전대	식품영양학과	kay1990@hanmail.net	010-9897-1522
	김혜란	상명대	무대디자인	khr12301@naver.com	010-7900-6106
	노대창	인하대	전자공학과	luckyro7@hanmail.net	010-4564-9372
	박창묵	한양대	물리학과	shchoo123@hanmir.com	010-8008-9741
	손우진	충북대	경영학부	uhihi34@naver.com	010-9480-4388
	이정규	부경대	기계공학과	wjdrbcjstk@naver.com	010-2947-7905
	이지현	연세대	전기전자공학부	jihyun_06@hanmail.net	010-4127-2506
	차민아	을지대	임상병리학	cmah33@nate.com	010-6374-0900
	한국희	성균관대	경제학과	kuki1012@nate.com	010-4424-8894
3기	김수연	경원대	경영학과	tptptpds@naver.com	010-5192-8050
	김지원	중앙대	경영학부	wldnjsl1791@naver.com	010-2380-5670
	노소영	인하대	행정학과	sy_1012@naver.com	010-3609-9850
	안성민	동서대	간호학과	789456123963@naver.com	010-7530-3430
	유현우	중앙대	법학과	yul_moo@naver.com	010-7203-8613
	이두이	서울과기대	제품설계금형공학	endl0206@naver.com	010-5154-4801
	이주희	춘천교육대	초등교육학과	wngml1032@naver.com	010-5133-5707
	최은영	덕성여대	경영학과	cey530@naver.com	010-9643-1359
	최한웅	창원대	금융보험학과	nojisic@nate.com	010-6230-6318

	성명	학교	전공	이메일	전화번호
4기	고은하	경기대	외식조리학과	eunha2294_@naver.com	010-8424-1115
	기현주	성신여대	일어일문학과	456fkdgo@naver.com	010-6421-6071
	김동은	성균관대	컴퓨터학부	kde7415@naver.com	010-9911-7415
	김민영	동남보건대	식품영양과	miny0125@hanmail.net	010-5529-0125
	김소희	연세대 원주	국제관계학	what1584@naver.com	010-3765-1584
	김정민	성결대	멀티미디어공학	lrlawjdals7@hanmail.net	010-7222-0231
	성백선	성균관대	석사과정	sbs5679@gmail.com	010-3074-5679
	윤유진	배화여대	식품영양과	dbsdbwls1216@naver.com	010-9507-1216
	주성은	숙명여대	르꼬르동블루 외식경영전공	sung900111@gmail.com	010-9077-8007
	최인선	성신여대	경제학과	qdc3210@naver.com	010-2765-9265
	최진솔	중앙대 안성	생명자원공학	jinsol1993@hanmail.net	010-6776-4684
	한동연	서울대	기계항공공학	369han2002@hanmail.net	010-9370-2836
5기	구자홍	한국체대	체육학과	wkghdx@naver.com	010-8915-9594
	김나연	동국대	식품생명공학과	meatstor@hanmail.net	010-5227-2654
	김재원	용인대	중국학과	klassic1989@naver.com	010-5067-6401
	김화선	한경대	동물생명과학전공	hwasun1993@hanmail.net	010-4072-5110
	남청재	국민대	경제학과	cjdwo2000@naver.com	010-8330-9984
	박경원	서울과기대	기계 · 자동차공학과	bark2465@naver.com	010-3563-1241
	박현우	인하대	경제학부	01047481006@hanmail.net	010-4748-1006
	안진서	신성대학	미용예술계열	na06yo@naver.com	010-3393-8302
	유상민	홍익대	상경학부	smyu0923@naver.com	010-2003-4077
	한소희	단국대	신소재공학과	girlzzang21@naver.com	010-2479-7890

각 기수별 명단

	성명	학교	전공	이메일	전화번호
6기	김우리	경희대	식품생명공학	alfodnfl@naver.com	010-5662-2549
	김보배	순천대	전자공학	kimbobae3@naver.com	010-2580-0553
	김태호	서울시립대	사회복지학	kth_0324@naver.com	010-3943-1817
	김효빈	경북대	경제통상학부	gyqkddl1232@naver.com	010-7452-5224
	임성철	한양대	재료공학과	tjdcjf0616@naver.com	010-9757-9625
	진한별	서원대	식품영양학	dkghqrhfl@naver.com	010-6668-9248
	최서영	가천대	독어독문학	tjdud2134@naver.com	010-7707-6323
7기	나수연	이화여대	환경·식품공학	skymusic7077@naver.com	010-8890-2272
	이윤하	충남대	식품영양학과	mikhaila28@naver.com	010-6488-5798
	이하나	홍익대	컴퓨터공학	lha21na@naver.com	010-4758-5887
	이효진	한국외대	베트남어과	ieehj0911@naver.com	010-2296-6630
	전보은	목포가톨릭대	유아교육과	qhdms621@naver.com	010-2326-5785
	정일우	건국대	항공우주정보 시스템공학	dlfdn9392@naver.com	010-2213-2791
	차현호	공주대학	전기공학	gusgh0758@naver.com	010-9697-1140
	한힘찬	경북대	축산생명공학	glacks0224@naver.com	010-3444-7680